Inhalt

W0084211

100 % übersichtlich

Entdecken Sie 100 % Valencia auf drei Spaziergängen. Jedes Kapitel im 100 % Cityguide ist einem Spaziergang gewidmet. Am Kapitelende gibt es eine Karte mit der Kurzbeschreibung des Spaziergangs. Auf der Karte in der vorderen Umschlagklappe sehen Sie die drei Kartenausschnitte im Überblick. Dort finden Sie anhand der Buchstaben Ⓐ bis Ⓩ alle Hotels sowie die Sehenswürdigkeiten und Ausgehtipps, die nicht auf einem der Spaziergänge liegen.

In den drei Kapiteln beschreiben wir ausführlich, welche Sehenswürdigkeiten Sie auf den Spaziergängen entdecken können und wo man gut essen, trinken, shoppen, feiern und relaxen kann. Alle Adressen sind mit einer Nummer ① gekennzeichnet, die Sie im Stadtteilplan am Ende des Kapitels wiederfinden. An der Farbgebung der Nummer können Sie erkennen, zu welcher Kategorie die jeweilige Adresse gehört:

🟢 Sehenswürdigkeiten   ⚫ Shoppen
🔵 Essen & Trinken   🟡 100 % there

DREI SPAZIERGÄNGE

Jedes Kapitel endet mit einer Kurzbeschreibung des Spaziergangs, der – ohne Zwischenstopp – maximal drei Stunden dauert. Auf den einzelnen Stadtteilplänen sehen Sie den genauen Verlauf der Route und können die Länge anhand des Maßstabs ungefähr bestimmen. Die Wegbeschreibung links neben dem Stadtplan führt Sie entlang der Sehenswürdigkeiten zu den schönsten Adressen. So entdecken Sie fast nebenbei die besten Shopping-Gelegenheiten, die nettesten Restaurants und die angesagtesten Cafés und Bars. Wer irgendwann keine Lust mehr hat, der Route zu folgen, kann aufgrund der ausführlichen Tipps und Pläne auch wunderbar auf eigene Faust Entdeckungen machen.

100% VALENCIA

SPAZIERGANG 1: PASEO DE LA ALAMEDA & COLÓN
Die Alameda war früher der Zugangsweg vom Meer zum königlichen Palast. Heute ist dieser breite Boulevard vor allem für seine vielen Cafés bekannt, auf deren Terrassen man wunderbar sitzen kann. Der Puente de la Exposición führt ins Stadtviertel Colón, wo neben dem Mercado Colón die Luxusshops von Valencia liegen. Abends geht's zur Tanzvorstellung ins Teatro Principal.

SPAZIERGANG 2: RUZAFA & CÁNOVAS & STADT DER KÜNSTE UND DER WISSENSCHAFTEN
Cánovas mit seinen stattlichen Häusern und vielen Bäumen ist der Stadtteil der Reichen. Die Geschäfte sind klein und exklusiv, und es gibt so viele verschiedene Restaurants, dass die Wahl schwerfällt. Von spanischen Tapas bis zu japanischen Sushis ist alles dabei. Das aufstrebende Viertel Ruzafa ist multikulti, weniger nobel und hat seinen eigenen Charme. Neben Cánovas liegt der Turia-Park mit den vier Bauwerken des Architekten Santiago Calatrava.

SPAZIERGANG 3: EL CARMEN & EL BOTÁNICO
Hier können Sie die schmalen Gassen des historischen Zentrums von Valencia entdecken, Ihre Sinne mit den vielen Düften und Farben auf dem Mercado Central überraschen, die alte Seidenbörse Lonja besuchen und erfahren, warum sie zum Weltkulturerbe der UNESCO gehört. Für Naturliebhaber ist ein Besuch des Botanischen Gartens ein Muss. Abends ist ein Besuch der Calle Caballeros mit ihren vielen Bars angesagt. El Carmen ist ein aufregendes Viertel, in dem immer etwas los ist.

1 0 0 % V A L E N C I A

In Valencia kann man so viel erleben, doch wo fängt man an? Natürlich möchten Sie die Stadt der Künste und der Wissenschaften sehen, auf der Plaza de la Virgen ein Café mit Blick auf die Kathedrale besuchen, durch das alte Viertel El Carmen bummeln und eine *horchata* trinken. Und sicher wollen Sie auch den größten überdachten Markt Europas, den Mercado Central, besuchen. Für etwas Erfrischung bieten sich die langen, breiten Strände Malvarrosa oder El Saler an. Und natürlich sollte man die berühmte Paella probieren. Auch das Nachtleben von Valencia, das meist erst gegen zwei Uhr nachts losgeht, ist in ganz Spanien bekannt. Der 100 % Cityguide zeigt Ihnen ganz genau, was Sie auf keinen Fall verpassen sollten. Sightseeing & Shopping, Ausgehen & Abenteuer – die übersichtlichen Stadtpläne weisen Ihnen den Weg.

AUF 3 SPAZIERGÄNGEN 100 % VALENCIA ERLEBEN!

PREISANGABEN BEI HOTELS UND RESTAURANTS

Um Ihnen einen Eindruck von den Hotel- und Restaurantpreisen zu geben, wurden die Preisangaben in die Adressinformationen mit aufgenommen. Bei Hotels beziehen sich die Beträge (sofern nicht anders angegeben) auf den Preis für ein Doppelzimmer pro Nacht einschließlich Frühstück. Bei den Restaurants wird jeweils der Durchschnittspreis für ein Hauptgericht genannt.

DER SPANISCHE RHYTHMUS

Der spanische Lebensrhythmus unterscheidet sich sehr stark von dem, was wir in Nordeuropa gewohnt sind. Man isst zu anderen Zeiten, und die Öffnungszeiten der Geschäfte weichen ebenfalls ab. In der Regel sind die Läden von 10 Uhr bis 14 Uhr geöffnet (ausgenommen in der Calle Colón, dort machen die Läden am Nachmittag nicht zu). Und von 17 Uhr bis etwa 21 Uhr sind sie wieder geöffnet.

Von 14 Uhr bis 16 Uhr wird ausgiebig gegessen. Das Mittagessen ist in Spanien die wichtigste Mahlzeit des Tages. Die meisten Restaurants haben daher sowohl mittags als auch abends geöffnet. Außerdem bekommt man fast überall preisgünstige Drei-Gänge-Menüs zum Mittagessen, das sogenannte *menú del dia* (Tagesgericht). Abends öffnen die Restaurants erst um 20.30 Uhr ihre Türen. Die Küche schließt gegen Mitternacht, und Gäste können meistens so lange sitzen bleiben, wie sie möchten. Am Wochenende kann es zwischen 2 und 3 Uhr noch einmal richtig voll werden. Viele Restaurants haben sonntags geschlossen. Daher empfiehlt es sich, bei allen anderen Restaurants für den Sonntag rechtzeitig zu reservieren.

Das Essen ist für Spanier ein wichtiger Teil ihres Lebens, und sie nehmen sich dafür reichlich Zeit. In Valencia wimmelt es von Restaurants, von denen in diesem 100 % Cityguide nur ein kleiner Teil beschrieben wird; die Qualität des Essens ist allerdings fast immer gut. Natürlich gehören die Tapas in Valencia einfach dazu. Sie finden diese köstlichen Häppchen überall in der Stadt; sie werden als kleine Gerichte oder in mundgerechten Portionen serviert. Wer am Nachmittag Hunger bekommt, geht in ein Café oder eine Bar, bestellt sich ein Getränk und wählt einige Tapas dazu aus.

LAS FALLAS

Las Fallas ist das größte und spektakulärste Straßenfestival Europas. Im 18. Jahrhundert begann es mit Zimmerleuten, die ihre alten Werkzeuge zu Ehren des Heiligen Josef verbrannten. Von Anfang März bis 19. März gibt es jeden Tag um 14 Uhr ein ohrenbetäubendes Feuerwerk vor dem Rathaus. Aber der eigentliche Höhepunkt sind die Figuren aus Pappmaschee, die *ninots*, die man dann auf fast allen Plätzen findet. Die meisten Puppen sind so groß wie Häuser, kosten teilweise mehr als 500.000 Euro und sind eine Satire auf Politiker, Sportler und andere Prominente. Am Ende des Festes gehen diese schönen Puppen in Flammen auf. *www.fallasfromvalencia.com*.

TOMATINA

Die Tomaten fliegen einem während der "Tomatina" buchstäblich um die Ohren. Dieses Festival findet jedes Jahr in Buñol statt, das eine halbe Stunde Fahrtzeit von Valencia entfernt liegt. Wenn Sie an dem glitschigen Event teilnehmen möchten, sollten Sie sich möglichst früh auf den Weg machen. Um die Mittagszeit fahren die mit Tomaten beladenden Lastwagen durch die Straßen – und das Tomaten-Werfen kann beginnen. Kleiderempfehlung: Badesachen und Taucherbrille. *www.tomatina.es*

NATIONALE FEIERTAGE

Im August – dem traditionellen Urlaubsmonat in Spanien – sind viele Läden und Restaurants geschlossen. Darüber hinaus gibt es in Valencia zahlreiche (nationale) Feiertage, an denen auch alle Geschäfte geschlossen sind. Neben den bekannten christlichen Feiertagen wie Weihnachten und Ostern gelten in Valencia die folgenden Feiertage:

1. Januar	Neujahr
6. Januar	Dreikönigstag
22. Januar	San Vicente Mártir
19. März	San José (Sankt Josef, Vatertag)
1. Mai	Tag der Arbeit
15. August	Mariä Himmelfahrt
9. Oktober	Feiertag der Region Valencia
12. Oktober	Spanischer Nationalfeiertag
1. November	Allerheiligen
6. Dezember	Tag des Grundgesetzes
8. Dezember	Unbefleckte Empfängnis

Haben Sie noch Tipps?

Wir haben diesen Reiseführer mit großer Sorgfalt zusammengestellt. Da das Angebot an Geschäften und Restaurants in Valencia jedoch regelmäßig wechselt, kann es sein, dass eine Empfehlung nicht mehr existiert. Besuchen Sie in diesem Fall oder wenn Sie andere Anmerkungen oder Fragen zu diesem 100 % Cityguide haben unsere Website *www.100travel.de/valencia*. Dort können Sie mit unserer Redaktion in Kontakt treten. Auch finden Sie dort aktuelle Tipps und zusätzliche Informationen zum Thema Valencia und Sie können sich mit anderen Valencia-Besuchern direkt austauschen.

Last but not least möchten wir noch bemerken, dass keine der vorgestellten Adressen für ihre Erwähnung bezahlt hat, weder für den Text noch für die Fotos. Alle Texte wurden von einer unabhängigen Redaktion geschrieben.

Hotels

Es ist nicht schwer, in Valencia ein gutes Hotel zu finden. Die große Stadt bietet reichlich Auswahl – vom gemütlichen Bed & Breakfast bis zum Fünf-Sterne-Luxushotel mit Meeresblick. Die Preise schwanken im Laufe des Jahres erheblich. Vor allem während großer Veranstaltungen wie den Fallas oder der internationalen Segelregatta *America's Cup* schnellen die Preise nach oben. Oft finden auch große Messen statt, was viele Geschäftsleute anzieht und zu ausgebuchten Hotels sowie höheren Tarifen führt. Die meisten Hotels haben eine eigene Website, auf denen Sie die Preise sehen und das Zimmer direkt reservieren können. Auch die Fremdenverkehrsbüros vermitteln Zimmer. Damit Sie die passende Unterkunft für Ihr Budget finden, können Sie sich auf folgenden Websites einen Überblick verschaffen: *www.turisvalencia.es*, *www.friendlyrentals.com*, *www.booking.com/valencia*, *www.valenciaflats.com*, *www.getmeanapartment.com*.

(A) Das **Nest Hostel** bietet nicht nur Backpackern einen bequemen Schlafplatz. Es gibt sowohl Doppel- als auch Mehrbettzimmer, eine große Lounge, in der man andere Reisende treffen kann (sofern man das möchte) sowie eine Küche zum Selberkochen. Das Hostel ist mit bunten Wänden und farbenfrohen Möbeln gemütlich eingerichtet und bietet eine gute Unterkunft für wenig Geld. *calle de la paz 36, www.rednesthostel.com, telefon: 96 3427168, preis: ab 10 € (für einen platz in einem hochbett), u-bahn: colón, bus: 8*

(B) Das **Dormavalencia Hostel** ist ein neues Hostel (eigentlich mehr ein Hotel) mit 14 hellen Zimmern, die alle ein eigenes Bad, Fernseher und kostenloses WLAN haben. Es gibt kein Restaurant, aber wenn man etwas essen oder trinken möchte, geht man einfach in die modern gestaltete Lounge und holt sich etwas aus den Verkaufsautomaten. Ansonsten ist man in nur zehn Minuten im Zentrum, wo es ausreichend Restaurants und Cafés gibt. *avenida reino de valencia 88, www.dormavalencia.com, telefon: 96 3339773, preis: ab 50 €, u-bahn: xàtiva, bus 19*

(c) Die Schwestern Sonja und Carmen sowie ihr Hund Luna bereiten einem einen herzlichen Empfang, und so fühlt man sich im **Hostal Antigua Morellana** sofort heimisch. Das Familienhotel mit 18 gepflegten Zimmern befindet sich in einem Gebäude aus dem 18. Jahrhundert im zentralen Stadtteil El Carmen, in der Nähe guter Restaurants und schöner Cafés. Alle Zimmer haben WLAN, Klimaanlage sowie ein eigenes Bad mit Dusche. Sehr gutes Preis-Leistungs-Verhältnis.

calle en bou 2, www.hostalam.com, telefon: 96 3915773, preis: ab 55 €, bus: 7, 27, 28, 81

(D) Bei der sympathischen Inhaberin Africa fühlt man sich gleich wie zu Hause. Das supersaubere **L'Esplai Bed & Breakfast** hat eine fantastische Lage nahe dem Mercado Colón. Die sechs Zimmer sind mit Holzfußböden ausgestattet und nach verschiedenen Stadtteilen in Valencia benannt. Die Besitzerin nimmt sich viel Zeit für das Frühstück und gibt dabei gerne Tipps, sodass der Urlaub zum unvergesslichen Erlebnis wird.

gran vía marqués del turia 63, deur 6, www.lesplaibedandbreakfast.com, telefon: 96 3810998, preis: ab 58 €, u-bahn: colón, bus: 79

(E) Das **My Sweet Home Bed & Breakfast** von Isabel hat eine perfekte Lage, nämlich mit Blick auf die Plaza de Ayuntamiento. Es gibt eine herrliche Terrasse, auf der man morgens frühstücken und abends (ganz romantisch) ein Glas Wein trinken kann. Wenn Sie zudem auf gute Läden, Restaurants, Museen und Bars nicht verzichten möchten, sind Sie hier goldrichtig. Isabel ist eine gastfreundliche Dame, die auch gut Englisch spricht. Alle Zimmer haben eine Mikrowelle und einen Wasserkocher sowie eine Auswahl an Tee und Kaffee, und man darf sogar sein Haustier mitbringen.

avenida maria cristina 4, www.bbmysweethome.wordpress.com, telefon: 60 7199989, preis: 60 €, u-bahn: xàtiva

(F) Mitten im alten Zentrum, gegenüber dem Mercado Central, liegt die **Casa Azul**, ein Bed & Breakfast mit außergewöhnlichen Zimmern. Es gibt sogar ein Zimmer mit einem Klavier. Die Casa Azul (blaues Haus) hat eine Dachterrasse, auf der man einen Drink mit Blick auf das Viertel El Carmen genießen kann.

palafox 7, www.lacasaazulvinosandrooms.com, telefon: 96 3511100, preis: ab 60 €, u-bahn: xàtiva, bus: 7, 27, 28, 60, 62, 81

Ⓖ Menschen, die einen Blick fürs Detail haben, werden das moderne **Hotel Jardín Botánico** lieben. In jeder Ecke brennen Duftkerzen, und im Hintergrund ertönt Loungemusik. Für ein Mittelklassehotel gibt es viel Luxus; so hat jedes Zimmer einen Whirlpool, und im ganzen Hotel hängen Bilder mit moderner Kunst. Das Hotel liegt in einem ruhigen Viertel, in der Nähe des Museums für moderne Kunst und des Botanischen Gartens. Man ist in etwa fünf bis zehn Minuten zu Fuß im Zentrum.

calle doctor peset cervera 6, www.hoteljardinbotanico.com, telefon: 96 3154012, preis: ab 70 €, u-bahn: turía, bus: 2, 60, 61, 62, 63

(H) Für den Strandliebhaber ist die Villa **Casa Boscá** ein wahr gewordener Traum. Die Villa hat drei Schlafzimmer, zwei davon mit Meerblick, und ist sehr geeignet für Aufenthalte im Freundes- oder Familienkreis. Die Einrichtung ist modern und luxuriös. Man hat nicht nur eine prachtvolle Aussicht auf das Meer, sondern kann sich auch im Pool erfrischen oder einen Cocktail auf der Terrasse genießen. Obwohl die Villa kein eigenes Restaurant besitzt, wird einem auf Wunsch eine leckere Paella oder eine andere spanische Leckerei zubereitet. Viele der Zutaten werden direkt im Garten der Familie Boscá gepflückt.
calle d'isabel de villena 139, www.casabosca.com, telefon: 683 604668, preis: ab 80 €, bus: 2

(I) Das **Ad Hoc Hotel** befindet sich in einem historischen Gebäude mit Original-Holzbalken an der Decke. Es liegt in der Nähe des alten Stadttors Torres de Serranos, des Turia-Parks und verschiedener Restaurants und Bars.
calle boix 4, www.adhochoteles.com, telefon: 96 3310707, preis: ab 82 €, bus: 2, 5, 16, 28, 80

(J) Wenn Sie ein gutes Hotel am Strand suchen, sind Sie im **Neptuno** genau richtig. Man kann sich hier – mit Blick aufs Meer – wunderbar entspannen. Und im Restaurant El Tridente de Neptuno gibt es leckeres Essen. Den Gästen steht ein Fitnessraum zur Verfügung, aber es ist natürlich viel schöner, auf der Strandpromenade zu joggen. Wenn man in die Stadt möchte, ist man schnell dort: Die U-Bahn hält vor der Tür, und man ist in zehn Minuten im Zentrum.
paseo de neptuno 2, www.hotelneptunovalencia.com, telefon: 96 3567777, preis: ab 100 €, u-bahn: pl. espanya, straßenbahn: las arenas, bus: 1, 2, 19, 32

(K) Das **Westin Valencia** ist ein exklusives Fünfsternehotel in einem mächtigen Jugendstilgebäude aus dem Jahr 1917. Es gibt einen wunderschönen Innenhof, in dem man aufmerksam bedient wird. Tanken Sie Energie im neuen 850 Quadratmeter großen Wellnesszentrum mit Fitnessraum, Pool, Sauna, türkischem Hamam, Solarien, Behandlungsräumen und Schönheitssalon. Der perfekte Ort, um sich verwöhnen zu lassen.
calle de amadeo de saboya 16, www.westin.es, telefon: 96 3625900, preis: ab 120 € (nebensaison), u-bahn: alameda, bus: 32

L'ESPLAI BED & BREAKFAST Ⓓ

Ⓛ Das **Hotel Las Arenas** ist das derzeit teuerste Hotel Valencias. Es wurde 2006 eröffnet und ist das einzige Fünfsternehotel am Strand. Das Hotel hat 253 Zimmer und Suiten, einen über 8000 Quadratmeter großen Garten und ein Außenschwimmbad. Dieses stammt noch aus dem Jahr 1933, als das Hotel als Ferien-Resort genutzt wurde. Die Zimmer in den obersten Etagen haben eine schöne Aussicht auf den Hafen und die Küste.
calle eugenia viñes 22-24, www.hotelvalencialasarenas.com, telefon: 96 3120600, preis: ab 147 €, u-bahn: las arenas, bus: 1, 2, 19, 32

Transport

Vom Flughafen aus ist das Zentrum von Valencia in 20 Minuten mit Bus, U-Bahn oder Taxi zu erreichen. Es gibt einen speziellen **Aerobús**, Linie 150, der alle 20 Minuten fährt. Ein Ticket kostet 1,25 Euro. Die U-Bahn kostet 2 Euro und fährt etwas öfter. Wenn Sie lieber mit dem Taxi fahren, zahlen Sie rund 20 Euro.

Obwohl Valencia eine ideale Stadt für Fußgänger ist, eignen sich auch **Bus** oder U-Bahn, um die Stadt zu erkunden. Es gibt für Touristen die spezielle Valencia Tourist Card, mit der man Bus, U-Bahn und Straßenbahn unbegrenzt im Stadtgebiet nutzen kann. Diese Karte umfasst auch Rabatte in bestimmten Restaurants, Läden und Museen. Sie ist für einen Tag (15 Euro), zwei Tage (20 Euro) oder drei Tage (25 Euro) erhältlich und kann in Fremdenverkehrsbüros, einigen *estancos* (Tabakläden) oder auf *www.turisvalencia.es* erworben werden. In den Tabakläden können Sie auch für 7,50 Euro die *bonobús* kaufen, eine Zehnerkarte. Weitere Informationen unter: *www.emtvalencia.es*.

Valencia verfügt über ein großes **U-Bahn**-Netz. Tickets kauft man am Eingang jeder U-Bahn-Station. Eine Hin- und Rückfahrt kostet 2,60 Euro und eine *bonometro* für zehn Fahrten 6,85 Euro. Die U-Bahn fährt von 6 bis 23 Uhr. Weitere Informationen auf *www.metrovalencia.com*.

Die weißen **Taxis** sind in ganz Valencia zu sehen. Wenn ein grünes Lämpchen auf dem Dach leuchtet, können Sie das Taxi anhalten, denn es ist noch frei. Taxis sind recht günstig und durchweg mit einem Taxameter ausgestattet. Es gilt ein Mindestpreis von 3,90 Euro bis 22 Uhr. Danach beträgt der Mindestpreis 6 Euro.

In Valencia sind immer mehr **Fahrräder** unterwegs. Kein Wunder, denn die Stadt ist angenehm flach, und es gibt verschiedene Leihstationen. Bei Valencia Bikes kostet ein Rad beispielsweise 15 Euro pro Tag. *www.valenciabikes.com*.

Paseo de la Alameda & Colón

Museen, Cafés und Shopping

Im Viertel Alameda wird eine Menge geboten. Wer Gemälde berühmter spanischer Künstler sehen möchte, geht am besten ins Museum für Schöne Künste. Anschließend können Sie sich im nahe gelegenen Stadtpark oder im Thermalbad Balneario La Alameda entspannen, in dem auch Massagen angeboten werden. Oder Sie legen, wie die Valencianer, eine Pause in einem Café unter den riesigen Bäumen auf der Alameda ein. Die Alameda war früher der Zugangsweg vom Hafen zum königlichen Palast. Im 18. Jahrhundert fuhren die Adeligen hier mit ihren Kutschen entlang, und noch immer kann man auf dem breiten Boulevard wunderbar spazieren gehen. Die Türme, die am Anfang der einen Kilometer langen Alameda stehen, wurden 1714 gebaut und sind noch gut erhalten. Sie wurden im Auftrag von Bürgermeister Rodrigo Caballero errichtet und sind den Heiligen San Felipe und San Jaime geweiht. Wenn man genau hinsieht, erkennt man an den Turmfassaden die Wappen der einflussreichsten Familien des 18. Jahrhunderts.

1

Wenn man über den berühmten Puente de la Exposición geht, gelangt man ins Colón-Viertel. Hier findet man neben Luxusshops auch Ketten wie Zara und Mango. Aber auch das kleinste Geschäft von Valencia liegt hier, das gerade mal sieben Quadratmeter umfasst. Der Mercado Colón ist der ideale Ort, um nach ausgedehnten Einkaufstouren in einem der gemütlichen Cafés in der Markthalle zu relaxen. Probieren Sie unbedingt eine *horchata* (Erfrischungsgetränk aus Erdmandeln), die eisgekühlt besonders lecker schmeckt.

Dass der Mercado Colón mit seinen bogenförmigen Eingängen von einem Schüler des berühmten Architekten Gaudí erbaut wurde, ist deutlich zu erkennen. Ein köstliches Mittagessen gibt es bei Vuelve Carolina, wo der bekannte Koch Quique Dacosta den Kochlöffel schwingt. Wenn Sie abends noch Energie haben, ist das Teatro Principal ein guter Tipp. Hier werden Tanzvorstellungen gezeigt – vom klassischen Ballet bis zu Flamenco.

6 Insider-Tipps

Jardines Viveros

Im Stadtpark
herrlich entspannen.

Mercado Colón

Im Café eine
horchata genießen.

Vuelve Carolina

Die Kochkünste von
Spitzenkoch Quique
Dacosta probieren.

Elva

Sich mit schönen Taschen
und Schmuckstücken
eindecken.

Museo Nacionál
de Cerámica

Wertvolle Teller und
Kacheln bestaunen.

Kiosko Gran Ciudad

Den Hunger mit
einem reich belegten
Brötchen stillen.

🟢 **Sehenswürdigkeiten**   🔵 **Essen & Trinken**
⚫ **Shoppen**   🟡 **100 % there**

Sehenswürdigkeiten

(1) Neugierig, wie Valencia vor zweitausend Jahren ausgesehen hat? Besuchen Sie dann das **Ausgrabungszentrum L'Almoina**. Dies ist der Ort, an dem die Römer 138 v. Chr. die Stadt "Valentia" gegründet haben. Am Eingang des Museums gibt es einen gläsernen Fußboden, durch den man römische, arabische und christliche Grabungsfunde sehen kann, ohne in das Museum hineinzugehen. Geht man weiter, wird es recht dunkel, wodurch der Raum die Atmosphäre einer magischen Schatzkammer erhält. Man wird über Stege an den Original-Ausgrabungsstätten der verschiedenen Epochen entlanggeführt.

plaza de décimo junio bruto, www.valencia.es/almoina, telefon: 96 2084173, geöffnet: di-sa 10.00-14.00 & 16.30-20.30, so 10.00-15.00, eintritt: 2 €, sa-so & feiertage frei, u-bahn: colón, bus: 2, 5, 6, 8, 95

(2) Das ehemalige Getreidelager der Stadt, das **Almudín**, wurde zu Beginn des 14. Jahrhunderts erbaut und im 16. Jahrhundert renoviert. Wer genau hinsieht, kann auf den Mauern ablesen, woher das Getreide kam und wie viel bevorratet wurde. Heute wird das Lager als Ausstellungsraum genutzt.

plaza san luis bertrán 1, telefon: 96 3525478, geöffnet: di-sa 10.00-14.00 & 16.30-20.30, so & feiertage 10.00-15.00, eintritt: 2 €, sa-so & feiertage frei, bus: 2, 5, 6, 8, 11, 16, 26, 28

(6) Die älteste Brücke von Valencia ist der **Puente de la Trinidad**, die im 15. Jahrhundert im gotischen Stil erbaut wurde. Nach der großen Überschwemmung von 1517 wurde die Brücke mit den zehn Bögen renoviert. Auf ihr stehen die Statuen der Heiligen San Luis Beltrán und Santo Tomás de Villanueva. Wenn man nach unten blickt, kann man den Leuten im Turia-Park beim Sport zusehen.

puente de la trinidad, bus: 2, 8, 79

(7) Nach dem Prado in Madrid ist das **Museo de Bellas Artes** de Valencia, das Museum für Schöne Künste, das wichtigste Kunstmuseum Spaniens. Das beeindruckende Barockgebäude beherbergt mehr als 2000 verschiedene Werke von den valencianischen Malern Vicente López, Juan de Joanes, de Ribaltas, den Pinazos und Joaquín Sorolla. Auch Werke der großen Meister van Dyck, Velázquez, Goya und El Greco sind hier zu finden. Neben der Malerei bietet dieses Museum eine interessante Sammlung bildhauerischer Werke und archäologischer Funde.

calle de san pio v 9, www.museobellasartesvalencia.gva.es, telefon: 96 3870300, geöffnet: mo 11.00-17.00, di-so 10.00-19.00, eintritt: frei, u-bahn: alameda, bus: 1, 6, 11, 16, 26, 28, 29, 36, 79, 95

(13) Diese moderne Brücke hat den Beinamen "La Peineta" (der Kamm). Die **Puente de la Exposición** ist das erste Bauwerk, das der bekannte Architekt Santiago Calatrava für seine Geburtsstadt entworfen hat. Die ursprüngliche Brücke wurde 1909 an dieser Stelle für eine Ausstellung erbaut, doch während der Überschwemmung 1957 stürzte sie ein. 1995 wurde die wieder errichtete Fußgängerbrücke durch die heutige moderne, weiße Stahlbrücke ersetzt. Der Brückenbogen ist 14 Meter hoch und fast 131 Meter lang.

paseo de la alameda, u-bahn: alameda, bus: 6, 8, 9, 11, 16, 26, 28, 29, 31, 32, 36, 70, 81

(14) Die **Porta de la Mar** erinnert an den Triumphbogen von Paris und steht inmitten eines Kreisverkehrs. Sie ist eine Rekonstruktion des alten Stadttors Puerta del Real, dem ehemaligen Zugangstor vom Hafen in die Stadt. Dieses Tor war immer das letzte Stadttor, das am Abend geschlossen wurde, um die Bewohner vor Angriffen zu schützen. Wenn die Menschen zu spät kamen, mussten sie vor dem Tor die Nacht verbringen.

plaza de la mar, u-bahn: colón, alameda, bus: 5

(23) Auch wenn man gerade keine Briefmarken braucht, sollte man einen Blick in das beeindruckende **Postamt** werfen, das zwischen 1915 und 1922 erbaut wurde. Wer einen Blick nach oben wirft, entdeckt dort die atemberaubende Bleiglaskuppel im neoklassizistischen Stil.

plaza del ayuntamiento 24, www.correos.es, telefon: 902 197197, geöffnet: mo-fr 8.30-20.30, sa 9.30-14.00, eintritt: frei, u-bahn: xàtiva, bus: 4, 6, 10, 19, 36

AUSGRABUNGSZENTRUM L'ALMOINA ①

(28) In dem neoklassizistischen Gebäude der **Universität Valencia** wird zwar kein Unterricht mehr gegeben, aber es finden viele kulturelle Veranstaltungen statt. Die verschiedenen Räumlichkeiten des quadratischen Bauwerks sind um einen Innenhof gruppiert. Besonders sehenswert sind die Aula und die Kapelle. In der Bibliothek befindet sich das erste in Spanien gedruckte Buch. Tipp: Die Cafeteria ist ideal für eine Tasse Kaffee und ein Sandwich.
calle nave 2, telefon: 96 3864377, geöffnet: mo-fr 9.00-20.00, sa 9.00-14.00, eintritt: frei, u-bahn: xátiva, bus: 4, 6, 8, 9, 10, 11, 12, 16, 26, 28, 31, 32, 36, 70, 71, 81

(29) Das düstere, erhabene **El Patriarca**, wo noch immer Mönche leben, beherbergt die Königliche Seminarschule Corpus Christi. Sie besteht aus einer Schule, in der Priester ausgebildet werden, und einer Kirche im Renaissancestil. Man kann auch Kunstwerke besichtigen oder den Gottesdienst besuchen, der täglich abgehalten wird.
calle nave 1, telefon: 96 3514176, geöffnet: täglich 11.00-13.30, eintritt: 1,20 €, u-bahn: colón, bus: 4, 6, 8, 9, 10, 11, 12, 16, 26, 28, 31, 32, 36, 70, 71, 81

(31) Valencia hat einen großen Teil seines Wohlstands nach wie vor der Keramikindustrie zu verdanken. Im Stadtpalast des Herzogs von Dos Aguas befindet sich das nationale Keramikmuseum, das **Museo Nacionál de Cerámica**, mit prächtigen Beispielen der Keramikkunst, für die Valencia schon seit dem Mittelalter bekannt ist.
calle poeta querol 2, www.mnceramica.mcu.es, telefon: 96 3516392, geöffnet: di-sa 10.00-14.00 & 16.00-20.00, so & feiertage 10.00-14.00, eintritt: 3 €, sa nachmittag & so frei, u-bahn: colón, bus: 6, 8, 9, 10, 11, 27, 31, 70, 71

MUSEO NACIONÁL DE CERÁMICA ③¹

Essen & Trinken

④ Frozen Yogurt ist derzeit ein großer Hit in vielen Weltstädten, aber in den Mittelmeerländern gibt es die Tradition der *yogurterías* schon länger. Bei **Llaollao** wird das leckere, "gesunde" Joghurteis angeboten, dessen Fettgehalt immerhin etwas niedriger ist als der von Sahneeis. Frozen Yogurt schmeckt am besten mit frischem Obst oder Schokoladensauce.
calle muro de santa ana 4, www.llaollao.es, telefon: 6 29624173, geöffnet: täglich 12.00-0.00, preis: 2,50 €, bus: 2, 5, 28, 80, 95

⑨ Schon 1961 begann die Erfolgsgeschichte des Imbisslokals **La Pérgola**, das von drei engagierten Brüdern geleitet wird. Den Erfolg haben sie vor allem dem berühmten oder eher berüchtigten Brötchen *el bombón* zu verdanken: ein Brötchen mit warmem Fleisch, Käse, Champignons und Mayonnaise. Die hausgemachten Hackfleischbällchen und die *tortilla de patatas* sind ebenfalls köstlich.
paseo alameda 1, telefon: 96 3699079, geöffnet: mo-sa 8.00-16.30 & 19.00-0.00, preis: 4 €, u-bahn: alameda

⑩ Im gemütlichen **L'Albereda** gibt es Wein aus einem großen Holzfass und dazu die Spezialität des Hauses: *entrecote de buey*. Ebenfalls sehr gut schmeckt der Spinatsalat mit Speck. Auch ein Tipp: das frisch gezapfte Bier. Im Sommer ist die Terrasse geöffnet, wo man unter Bäumen und mit Blick auf den Boulevard einen der schönsten Orte Valencias genießen kann.
paseo alameda 5, telefon: 96 3695888, geöffnet: di-sa 13.30-16.00 & 20.30-0.00, preis: 15 €, u-bahn: alameda

⑫ Wer sich bei angenehmer Musik entspannen möchte, ist auf der Terrasse des **Kiosko Gran Ciudad** genau richtig. Wem die Terrasse zu sonnig ist, der kann sich ein Schattenplätzchen unter den großen alten Bäumen suchen. Die meisten Leute essen hier mittags Paella, aber es gibt auch verschiedene Brötchen und leckere Tapas auf der Karte, wie *bolitas de cabra* (eine Art Schmalzgebäck mit warmem Ziegenkäse).
paseo alameda 23, www.grupo-jbl.com, telefon: 96 3604700, geöffnet: sa-so märz-okt. 10.00-1.00, nov.-febr. 10.00-18.00, preis: 9 €, u-bahn: alameda

35 CUP CAKE VALENCIA

(20) Jeden Tag wird im **Món Orxata** frische *horchata* mit Erdmandeln aus eigener Ernte zubereitet. Dieses lokale Getränk ist nicht nur durstlöschend, sondern scheint auch gut für Herz und Blutgefäße zu sein. Auf der Terrasse steht ein kleines Karussell für kleine Besucher.
calle jorge juan 19, www.monorxata.com, telefon: 96 3527307, geöffnet: täglich 8.30-22.00, preis: 2,95 €, u-bahn: colón, bus: 4, 5, 10, 12, 13

(24) Der bekannte spanische Koch Quique Dacosta hat fast alle Preise gewonnen, die man als Koch in Spanien bekommen kann. Nach seinem – mit zwei Michelinsternen gekrönten – Restaurant in Denia ist jetzt Valencia an der Reihe. Bei **Vuelve Carolina** gibt es ausgefallene Tapas und ein Tagesmenü. Das moderne Restaurant mit den Holzwänden und vielen Pflanzen verströmt eine sehr natürliche, fast skandinavische Atmosphäre. Auf der ersten Etage können Sie einen separaten Raum mieten, falls Sie vorhaben sollten, mit einer ganzen Gruppe essen zu gehen.
calle correos 8, www.vuelvecarolina.com, telefon: 96 218686, geöffnet: mo-sa 13.30-16.00 & 20.30-23.00, preis: 20 €, u-bahn: xátiva

(34) **Cup Cake Valencia** macht einfach glücklich! Bei uns ist der Cupcake-Hype schon fast wieder auf dem Rückzug, aber in Spanien hat man die verzierten Muffins gerade erst entdeckt. Verwöhnen Sie sich in Valencia mit einem bunten Cupcake, wenn Sie Lust auf etwas (sehr) Süßes haben. Die Gebäckstücke sehen fast wie Modeaccessoires aus und es gibt sie in vielen Farben und Geschmacksrichtungen. Bestellen Sie einen Tee oder Kaffee dazu und genießen Sie in aller Ruhe Ihr Minitörtchen.
calle de la paz 36, www.cupcakevalencia.es, telefon: 96 3520195, geöffnet: täglich 10.00-21.00, preis: 2 €, u-bahn: colón, bus: 5, 8, 79

Shoppen

(3) Schon seit über hundert Jahren werden bei **Cirios Felipo** die allerschönsten Kerzen hergestellt – für Ostern, Weihnachten oder zur Taufe, aber auch gedrehte Kerzen und sehr detaillierte Wachs-Kunstwerke mit Blumen. Fast zu schade, um sie anzuzünden!
calle navellos 14, www.ciriosfelipo.com, telefon: 96 3918622, geöffnet: mo-fr 9.30-13.30 & 16.30-20.00, sa 9.30-13.00, bus: 2, 5, 28, 80, 95

(5) **La Casa de los Dulces** verkauft Süßigkeiten in allen Farben und Größen, und das seit über fünfzig Jahren. Es gibt hundert verschiedene Dosen mit Süßigkeiten, und die gläsernen Vitrinen quellen fast über vor bunten Bonbons und Kaugummis. Hier werden Kinderträume wahr.
calle muro de santa ana 6, telefon: 96 3919341, geöffnet: mo-sa 10.00-14.00 & 16.30-20.30, so 9.00-15.00 & 17.00-21.00, bus: 2, 5, 28, 80, 95

(15) **La Vispateresa** ist der erste Laden der jungen valencianischen Designerin Maria Bordes. Die Modelle von Maria sind modern und feminin, hergestellt aus leichten Leinenstoffen, doch man findet auch schöne Gürtel und ausgefallenen Schmuck.
calle sorni 23, www.lavispateresa.es, telefon: 96 3504576, geöffnet: mo-sa 10.00-14.00 & 16.30-20.30, u-bahn: colón, bus: 5, 10, 13, 32, 81

(16) Schokoholiker sollten bei **Cacao Sampaka** vorbeischauen. Hier lockt Schokolade mit Pfeffer, Kräutern, Früchten und vielem mehr. Hinten im Laden ist ein kleines Café, in dem man die Leckereien mit einer Tasse Kaffee oder einem frisch gepressten Saft vor Ort probieren kann.
calle del conde de salvatierra 22, www.cacaosampaka.com, telefon: 96 3534062, geöffnet: mo-sa 10.00-21.00, u-bahn: colón, bus: 5, 10, 12, 13, 32, 81

(17) Die Schmuckstücke bei **Mercado de la Plata** werden nicht pro Stück, sondern nach Gewicht bezahlt. Man kann aus Silberschmuck mit Bernstein wählen oder selbst eine echte Perlenkette zusammenstellen.
calle del conde de salvatierra 22, telefon: 96 3522929, geöffnet: mo-sa 10.00-14.00 & 16.30-20.30, u-bahn: colón, bus: 12, 13

⑱ Elva bereist die Welt, um vollgepackt mit exklusiven Schmuckstücken und Taschen nach Valencia zurückzukehren. In ihrem Laden wird der Schmuck ansprechend in Vitrinen ausgestellt, und es ist schwer, den Laden ohne einen neuen Ring oder eine Kette wieder zu verlassen.
calle martinez ferrando 2, telefon: 96 3332013, geöffnet: mo-sa 10.00-14.00 & 17.00-21.00, u-bahn: colón, bus: 5, 10, 13, 32, 81

㉑ So einen kleinen Laden wie **Belba** sieht man selten. Auf nur sieben Quadratmetern findet man Haarschmuck, Broschen und Strumpfhosen.
calle jorge juan 19, telefon: 96 3527592, geöffnet: mo-sa 10.00-13.30 & 16.30-20.30, u-bahn: colón bus: 4, 5, 10, 12, 13

⑮ LA VISPATERESA

㉒ Duftkerzen, Öko-Kleidung aus aller Welt, Yogabücher und Badeöl: das alles bietet **Natura Selection**. In dem mit viel Holz eingerichteten Laden, in dem spirituelle Musik im Hintergrund läuft, wird der Einkauf zum Zen-Erlebnis. *plaza los pinazo 2, www.naturaselection.com, telefon: 96 3943925, geöffnet: mo-sa 10.00-21.00, u-bahn: colón, bus: 4, 5, 10, 12, 13*

㉕ Für den treuen Vierbeiner gibt es bei **Pet à Porter** die verschiedensten Dinge: schicke Tragetaschen für den kleinen Liebling, aber auch Krönchen, Parfüm und sogar Sonnenbrillen und Schuhe für Hunde. *calle de perez pujol 6, www.petaporter.es, telefon: 96 3525595, geöffnet: mo-sa 10.30-21.00, u-bahn: xátiva*

(26) Auf der Suche nach farbenfroher spanischer Mode zum Beispiel von Custo oder Desigual? **Dodo** bietet für Damen und Herren ein umfangreiches Sortiment bunter Markenkleidung. Schöner Nebeneffekt: Die Klamotten sind hier viel preiswerter als bei uns. Wenn das kein Grund ist, auch noch die praktische Tasche mitzunehmen.

calle barcas 5, telefon: 96 3258340, geöffnet: mo-sa 10.00-21.00, u-bahn: xátiva, bus: 5, 6, 13, 62, 81

(30) Endlich ein echtes Männergeschäft in Valencia! **Sólo hombre** bietet alles, was sich der Mann von heute wünscht: nette Gadgets wie eine automatische Schuhputzmaschine, Space Pens, Duschradios und vieles mehr. Ein toller Laden, wenn man gerade ein Geschenk für einen Mann sucht.

plaza colegio patriarca 5, telefon: 96 3513673, geöffnet: mo-sa 10.00-14.00 & 17.00-20.00, bus: 4, 27

(32) **Vent du Nord** ist ein Shop, bei dem man unwillkürlich vor dem Schaufenster stehen bleibt. Der Grund: Die Kleidung sieht irgendwie anders aus, als man in Spanien gewohnt ist, und nicht umsonst hat der Laden einen französischen Namen. Wer zufällig zu einer Hochzeit oder einer Feierlichkeit eingeladen ist, sollte diesen Laden auf jeden Fall besuchen. Es gibt ein sehr großes Sortiment und äußerst kompetente Stil-Berater.

calle del mar 8, www.ventdunord.es, telefon: 96 3916347, geöffnet: mo-sa 10.00-14.00 & 17.00-20.00, u-bahn: xátiva, bus: 5, 8, 79

(33) Eine Hochzeit, ein Jubiläum, Geburtstag oder ein anderes besonderes Ereignis – alles Anlässe, um jemanden mit einem ausgefallenen Prachtstück zu überraschen. Der Eigentümer und Designer Eelco Kemkes, von dem die Initialen des Ladens **EK Design** stammen, präsentiert voller Stolz die selbst entworfenen Schmuckstücke. Wenn man im Laden nach oben blickt, entdeckt man das Atelier, in dem die Kostbarkeiten entworfen werden.

calle de la paz 28, www.ek-design.es, telefon: 96 3581527, geöffnet: mo-fr 10.00-14.00 & 17.00-20.00, sa 10.00-14.00, u-bahn: colón, bus: 5, 8, 79

100 % there

(8) Im grünen Stadtpark **Jardines Viveros** ist Erholung zwischen duftenden Blumen und einem See mit Schwänen angesagt. Nach einem Einkaufstag oder einem Museumsbesuch kann man im Gras oder in einem Café sitzen und dem Vogelgezwitscher lauschen. Im Sommer finden Konzerte unter Sternenhimmel statt.
calle de san pio v, telefon: 96 3525478, geöffnet: täglich 8.00 bis sonnenuntergang, eintritt: frei, u-bahn: alameda, bus: 1, 26, 32, 79, 81

(11) Gleich neben der Alameda liegt eines der markantesten Gebäude von Valencia: die Casa de la lactancia. Hier befindet sich das **Balneario Alameda**, wo man in eine Oase der Ruhe eintaucht. Sie können aus einem römischen Bad mit Thermalwasser und Mineralien, einer Wasserstrahlmassage und einer entspannenden Kosmetikbehandlung wählen.
calle amadeo de saboya 14, www.balneariolaalameda.com, telefon: 96 3690998, geöffnet: mo-fr 9.00-22.00, sa-so 10.00-21.00, preis: 16 €, u-bahn: alameda, bus: 32

(19) In dieser ehemaligen Markthalle kann man in Ruhe ein Getränk oder einen Snack in einem der schicken Cafés genießen. Der **Mercado Colón** wurde 1914 im modernen Gaudí-Stil erbaut. Er hat zwei große, bogenförmige Eingänge, die man sich unbedingt näher ansehen sollte. Hier werden Ausstellungen gezeigt und sonntags um 12 Uhr finden Konzerte statt.
calle cirilo amorós, www.mercadocolon.es, telefon: 96 3525478, geöffnet: täglich 8.00-1.30, eintritt: frei, u-bahn: colón, bus: 4, 5, 10, 12, 13

(27) Das über 150 Jahre alte **Teatro Principal** ist das größte Theater der Stadt und der ideale Ort, um sich zum Beispiel eine Flamencovorstellung anzusehen. Das edle Interieur aus dem 19. Jahrhundert (mit neunhundert roten Samtstühlen) ist ebenfalls sehenswert. Da das Theater auf Militärgelände erbaut wurde, hat der Oberbefehlshaber des Heeres noch immer einen Schlüssel für seine eigene Loge.
calle barcas 15, http://teatres.gva.es, telefon: 96 3539200, geöffnet: kasse di-fr 11.00-13.00 & 17.00-20.00, sa & feiertage 17.00-20.00, preis: 20 €, u-bahn: xàtiva, bus: 5, 6, 13, 62, 81

JARDINES VIVEROS ⑧

Paseo de la Alameda & Colón

Laufen Sie bei der Kathedrale los Richtung Ausgrabungszentrum (1). Die Treppe zur C/ del Almudin hinuntergehen. Rechts ist das Almudin zu sehen (2). Von hier geht es Richtung Plaza de la Virgen und dort rechts in die C/ de Navellos (3). Danach geradeaus, um ein Eis zu essen (4) oder Süßigkeiten zu kaufen (5). Dann rechts in die C/ del Conde de Trenor, bei der ersten Ampel die Straße queren, um zum Puente de la Trinidad (6) zu gelangen. Die Brücke überqueren, rechts abbiegen und die Straße queren, um ein Kunstmuseum zu besuchen (7). Danach geht es an den Jardines Viveros (8) vorbei Richtung Plaza del Real. Den Platz überqueren und links vom Paseo de la Alameda bleiben, um La Pérgola (9) zu sehen. Weiter bis zur weißen Brücke gehen oder halten Sie, um etwas zu trinken (10). Linker Hand in das Wohnviertel einbiegen und danach sofort rechts, um zu entspannen (11). Zurückgehen, um direkt am Paseo de la Alameda etwas zu trinken (12). Wieder umdrehen und links die Brücke überqueren (13). Geradeaus Richtung Plaza Porta de la Mar (14) und Triumphbogen. Im Kreisverkehr links halten und links zum Shoppen in die C/ del Grabador einbiegen (15). Danach in die C/ de Sorni und sofort wieder links abbiegen. Hier in der C/ del Conde de Salvatierra gibt es diverse Läden (16) (17) (18). Schlendern Sie über den Mercado Colón (19) (20) und biegen Sie in die C/ Jorge Juan ein, um einen kleinen Laden (21) zu besuchen. Am Ende der Straße die C/ Colón queren und zum kleinen Platz vorgehen (22). Dann an der C/ Colón entlangspazieren und in die zweite Straße rechts Richtung Plaza del Ayuntamiento (23) abbiegen. Hier in die erste Straße rechts einbiegen (24) und dann die erste links (25). Die C/ de las Barcas queren (26), um das Teatro Principal (27) zu sehen. Die C/ del Poeta Querol queren, an der C/ del Pintor Sorolla entlanggehen und in die erste Straße links einbiegen. Danach in die C/ de la Nave einbiegen, um sich in der Uni-Cafeteria (28) zu stärken. Gegenüber liegt El Patriarca (29). Setzen Sie den Spaziergang fort, um an einem großen Platz (30) Männersachen zu kaufen. Danach rechts in die C/ de los Libreros einbiegen. Hier gleich links abbiegen, die Straße queren und geradeaus zum Museumbesuch (31). Danach links in die C/ del Poeta Querol einbiegen und in der C/ del Mar Pariser Mode erstehen (32). Zurückgehen zur C/ de la Paz, um zu shoppen (33) und sich zu verwöhnen (34).

Ruzafa & Cánovas & Stadt der Künste und der Wissenschaften

Interessante Häuser, sehenswerte Museen und gutes Essen

Das imposante Rathaus, das um 1700 erbaut wurde, liegt am größten Platz von Valencia. Abends hat der Rathausplatz durch die beleuchteten Fontänen und Gebäude etwas Märchenhaftes. Ein Stück weiter gelangt man zum Bahnhof, der ein gutes Beispiel des valencianischen Jugendstils ist. Neben ihm befindet sich die Arena, architektonisch eines der interessantesten Gebäude der Stadt, in der neben Stierkämpfen auch Konzerte ausgetragen werden. Ruzafa ist ein aufstrebendes Viertel mit modernen Restaurants und vielen Künstlerbars. Besuchen Sie auf jeden Fall auch den Mercado Ruzafa.

Cánovas ist als Nobelviertel von Valencia bekannt. In den breiten Straßen mit den schicken Luxusboutiquen und guten Restaurants flanieren ältere Damen mit ihren Hündchen. Am Wochenende herrscht vor allem in der Calle Conde Altea, wo sich die meisten Restaurants und Bars befinden, viel Betrieb.

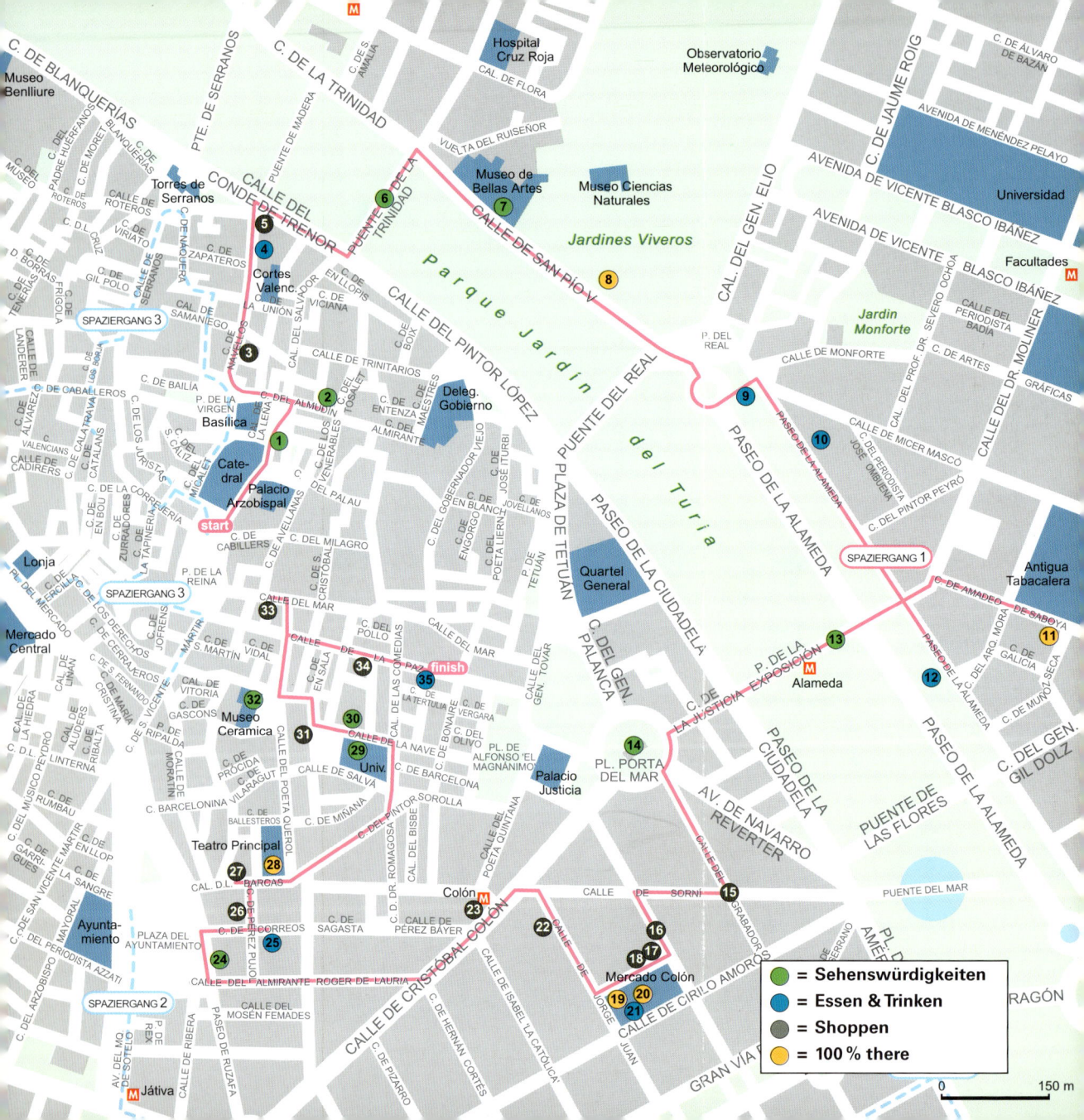

2

Trotz des luxuriösen Rufs, den das Viertel hat, bekommen Sie noch immer für einen Euro ein Bier, und es gibt viele gute Restaurants mit unter anderem spanischer, italienischer, japanischer und vegetarischer Küche.

Cánovas liegt in der Nähe des Turia-Parks, wo man wunderbar spazieren gehen oder relaxen kann. An der Stelle des neun Kilometer langen Parks floss früher der Fluss Turia entlang. Nach einer Überschwemmung im Jahr 1957 wurde der Fluss umgeleitet. Franco wollte hier eine Autobahn bauen, aber dazu ist es zum Glück nicht gekommen. Die Valencianer nutzen den Park vor allem zum Joggen oder Radfahren. Im Turia-Park finden Sie auch den Palau de la Música, in dem klassische Konzerte stattfinden. Außerdem befindet sich hier die größte Touristenattraktion von Valencia: Die Stadt der Künste und der Wissenschaften, Ciudad de las Artes y las Ciencias, besteht aus vier ultra-modernen Komplexen, die größtenteils von Santiago Calatrava entworfen wurden. Den letzten Entwurf von Calatrava sieht man schon von Weitem – die 125 Meter hohe Brücke Assut de l'Or.

6 Insider-Tipps

L'Oceanogràfic

Das größte Aquarium
Europas besuchen.

Copenhagen

Lecker vegetarisch und
gesund essen.

Palau de les Arts

Die Architektur von
Santiago Calatrava
bestaunen.

Deli Kate

Zu Mittag essen
und Schönes
für zu Hause kaufen.

Diseño al cubo

Design aus
Fächern kaufen.

Mantequerías Castillo

Die besten Schinken
und Weine probieren.

Sehenswürdigkeiten

Shoppen

Essen & Trinken

100 % there

Sehenswürdigkeiten

① An der beeindruckenden Plaza del Ayuntamiento steht das **Rathaus**. In seinem Inneren gibt es eine weiße Marmortreppe und einen Ballsaal voller Spiegel. Im Erdgeschoss finden verschiedene Ausstellungen statt, und in der ersten Etage erfährt man alles über die ruhmreiche Geschichte Valencias.
plaza del ayuntamiento 1, www.valencia.es, telefon: 96 3525478, geöffnet: mo-fr 9.00-14.00, eintritt: frei, u-bahn: xàtiva

④ Es hat elf Jahre gedauert, bis der spektakuläre **Bahnhof** im Jahr 1917 fertiggestellt war. Er ist eines der schönsten Beispiele des valencianischen Jugendstils. So ist die Haupthalle mit Mosaiken aus der Region geschmückt, an den Wänden steht in verschiedenen Sprachen "Gute Reise", und die schönen Wandmalereien zeigen Frauen mit Kindern an ihren Rockzipfeln und mit Körben voller Orangen.
calle xàtiva 24, telefon: 902 240202, geöffnet: täglich 5.00-1.00, u-bahn: xàtiva

⑤ Ob Sie nun Stierkämpfe mögen oder nicht – die **Plaza de Toros**, die Arena, ist ein architektonisch interessantes Gebäude. Neoklassizistisch, mit vier Ebenen und 384 symmetrischen Bögen, die von außen einfach atemberaubend aussehen. Die Arena wurde von Sebastián Monleón Estelles entworfen und zwischen 1850 und 1860 erbaut. Sie sollte eine verkleinerte Ausgabe des Kolosseums in Rom werden. Neben den Stierkämpfen, die meistens zu den Fallas und den Juli-Festen veranstaltet werden, finden auch Konzerte bekannter Künstler statt. Die Arena fasst rund 20.000 Zuschauer.
calle xàtiva 28, www.torosvalencia.com, telefon: 902 107777, geöffnet: kasse mo-sa 10.00-14.00 & 17.00-20.00, u-bahn: xàtiva

⑥ Das **Stierkampfmuseum**, 1929 gegründet, ist eines der ältesten und bedeutendsten seiner Art in Spanien und steckt voller Darstellungen strammer Machos in engen Anzügen. Es werden auch alte Objekte zum Thema Stier-kampf gezeigt. Nichts für Tierfreunde: Man kann einen kurzen Film über das Leben eines Stiers ansehen, der am Ende in der Arena getötet wird. Vom Museum aus gelangt man in die Arena.
pasaje dr. serra 10, www.museotaurinovalencia.es, telefon: 96 3883738, geöffnet: di-sa 10.00-18.00, eintritt: frei, u-bahn: xàtiva, bus: 8, 15, 17, 40, 63

㉙ Am Río Turia befindet sich der moderne **Palau de la Música** (Palast der Musik), ein Entwurf von José Maria Paredes. Seit 1987 treten hier bekannte internationale Dirigenten und Musiker auf. Vor dem Musikpalast spritzt der Brunnen das Wasser im Takt klassischer Musik in die Luft.

paseo alameda 30, www.palaudevalencia.com, telefon: 96 3375020, geöffnet: täglich 10.30-13.30 & 17.30-21.00, eintritt: frei (außer während veranstaltungen), u-bahn: alameda, bus: 14, 15, 18, 35, 95

㉛ Die **Fallas** sind ein großes, jährlich stattfindendes Festival, bei dem die Straßen von großen Pappmascheepuppen bevölkert werden, die Politiker und andere bekannte Personen parodieren. Wenn Sie nicht während der Fallas in Valencia sein können, sollten Sie sich einige der beeindruckenden Puppen, die vor dem Anzünden gerettet wurden, im Fallas-Museum ansehen.

plaza monteolivete 4, www.fallas.com, telefon: 96 3525478 ext. 4625, geöffnet: di-sa 10.00-14.00 & 16.30-20.30, so 10.00-15.00, eintritt: 2 €, sa-so frei , bus: 14, 15, 18, 35, 95

㉜ Neun Jahre hat der Bau des Opernhauses **Palau de les Arts** gedauert. Dieses "zehnte Weltwunder", wie es der Direktor wenig bescheiden nannte, ist ein Werk des Architekten Santiago Calatrava. Es erinnert an die Oper von Sydney, nicht nur vom Aussehen her, sondern auch weil das Budget – wie in Australien – reichlich überschritten wurde. Man hatte 84 Millionen Euro veranschlagt, am Ende kostete es 250 Millionen Euro. Das Opernhaus wurde 2005 eröffnet und ist so hoch wie ein 25-stöckiges Haus. Mit 4400 Sitzplätzen ist es das größte Opernhaus Europas. Führungen finden täglich statt.

avenida autopista del saler 1, www.lesarts.com, telefon: 96 1975804, geöffnet: führung täglich 11.30 & 13.00, eintritt: 8 €, u-bahn: alameda, bus: 19, 35, 95, 40

㉝ Ein weiterer interessanter Entwurf von Calatrava und ebenfalls zur Stadt der Künste und der Wissenschaften gehörend ist **L'Hemisfèric**. In diesem Gebäude mit der Form eines Auges werden auf einer 900 Quadratmeter großen Leinwand IMAX-Filme in 3D gezeigt. Es gibt auch eine Simulation des Weltalls mit mehr als 9000 Sternen.

avenida autopista del saler 3, www.cac.es, telefon: 902 100031, geöffnet: täglich 11.00-21.00, eintritt: 7,85 €, bus: 19, 35, 95, 40

㉞ Das Wissenschaftsmuseum, **Museo de las Ciencias**, ebenfalls von Calatrava entworfen, erinnert an das Skelett eines Wals. Es ist so konzipiert, dass man Wissenschaft hautnah erleben kann; man darf alles anfassen und ausprobieren. Schön für Kinder (und natürlich auch für Erwachsene).
avenida autopista del saler 5, www.cac.es, telefon: 902 100031, geöffnet: täglich 10.00-19.00, im sommer 10.00-21.00, eintritt: 7,85 €, u-bahn: alameda,

㉟ Die Brücke **Assut de l'Or**, wegen ihrer Form in Valencia auch als *jamonero* (Schinkenhalter) bezeichnet, ist das letzte Werk des Architekten Santiago Calatrava. Die Brücke ist 125 Meter hoch und damit auch der höchste Punkt der Stadt. Es fahren rund 70.000 Fahrzeuge pro Tag darüber.
avenida autopista del saler 7, telefon: 96 3525478, bus: 19, 35, 95, 40

Essen & Trinken

(9) Im Herzen des Stadtteils Ruzafa befindet sich das moderne Restaurant **Copenhagen**. Die Köche möchten einem möglichst breiten Publikum zeigen, wie lecker vegetarisches Essen sein kann. Die Zutaten werden jeden Tag frisch auf dem Markt von Ruzafa eingekauft. Die Gerichte sind eine Hommage an andere Länder mit einer vegetarischen Tradition wie Japan oder Thailand. Eine echte Empfehlung, auch wenn Sie normalerweise eher ein Freund von Fleisch oder Fisch sind.

literato azorín 8, www.copenhagenvalencia.com, telefon: 96 3289928, geöffnet: di-so 13.00-16.30 & 20.00-1.30, preis: 10 €, u-bahn: xátiva

(10) Buchladen, Café, Kulturzentrum, Kinderspielplatz, Kino: Das **Ubik Café** ist alles in einem. Das erste, was einem beim Betreten auffällt, ist die entspannte Atmosphäre. Gäste, die lesend auf alten Stühlen sitzen, herumlaufende Hunde, spielende Kinder, gesellige Runden bei Wein und Tapas. Ubik ist einer der coolsten Orte von Ruzafa.

calle literato azorín 13, www.ubikcafe.blogspot.com, telefon: 96 3741255, geöffnet: so-do 17.00-23.00, fr-sa 17.00-1.00, preis: 2 €, u-bahn: xátiva

(13) **Deli Kate** ist mehr als ein kleines Restaurant, in dem man gut essen kann. Alles, was man hier sieht, ist auch zu kaufen. Eine schöne Lampe, bequeme Stühle oder ein kitschiges Teeservice – Sie können alles gegen Bezahlung mitnehmen. Die Musik, die hier gespielt wird, ist auffallend gut, und es gibt einen WLAN-Internetzugang.

calle maestro josé serrano 2, www.delikatevalencia.blogspot.com, telefon: 96 2066712, geöffnet: di-mi 12.00-23.30, do-fr 12.00-1.30, sa 12.00-16.00 & 20.00-1.30, so 12.00-16.00, preis: 4 €, u-bahn: xátiva

(18) Natürlich gibt es zahllose Tapas-Restaurants in Valencia, aber bei **De Calle** ist es zudem auch noch sehr gemütlich. Man isst an hohen Tischen, um anschließend eine *copa* in der bequemen Sitzecke oder draußen (für Raucher) zu genießen. Wenn alle fertig gegessen haben, verwandelt sich De Calle in eine schicke Bar.

calle conde altea 12, www.de-calle.com, telefon: 96 3951178, geöffnet: mo-fr 13.00-2.00, sa 17.00-2.00, preis: 25 €, u-bahn: colón, bus: 1, 3

(19) Einer der kreativsten Köche von Valencia ist ein Deutscher. Sein Name ist Bernd Knöller und sein Restaurant heißt **RIFF**. Zwar ist es recht kostspielig, aber jedes Gericht ist ein wahres Kunstwerk. Wie wäre es mit Schokoladen-Lasagne mit Aprikosen und Minze zum Dessert? Die Weinkarte ist umfangreich, und der Wein wird in schönen Gläsern serviert, wodurch er noch mehr zur Geltung kommt. Die Einrichtung ist minimalistisch, es dominieren Grau und Weiß.

calle conde altea 18, www.restaurante-riff.com, telefon: 96 3335353, geöffnet: di-sa 13.30-16.00 & 20.30-23.00, preis: 30 €, u-bahn: colón, bus: 1, 3

(21) Bei **Feng** kann man leckere asiatische Gerichte probieren – von Frühlings-
rollen über köstliche Sushis bis zu flambierter Ananas zum Nachtisch. Für
Erwachsene und Kinder gibt es jeweils ein spezielles "Sparmenü".
*calle conde altea 19, telefon: 96 3201783, geöffnet: täglich 12.00-16.00 &
20.00-0.00, preis: 10 €, u-bahn: colón, bus: 1, 3*

(22) Bei **Don Bernardo** werden vor allem Spezialitäten aus Salamanca wie
Schweinefilet mit karamellisierten Äpfeln oder Tartar mit Trüffeln serviert. Wenn
zu späterer Stunde die Bar öffnet, verschwinden die Tische hinter roten
Samtvorhängen, und man kann sich einen Digestif genehmigen.
*calle conde altea 20, telefon: 96 3163144, geöffnet: so-do 12.00-1.00, fr-sa
12.00-2.00, preis: 10 €, u-bahn: colón, bus: 1, 3*

(23) Im eleganten **Café Balli**, mit zwei Etagen innen und außen einer gemütlichen Terrasse unter den Bäumen, ist den ganzen Tag viel los. Abends
wird vor allem R&B-Musik gespielt, und die Cocktails sind sehr beliebt.
*calle almirante cadarso 11, telefon: 96 3292195, geöffnet: so-do 8.00-3.00,
fr-sa 11.00-4.00, preis: 8 €, u-bahn: colón, bus: 19, 41*

(24) Kein Appetit mehr auf Tapas? Lieber bei Kerzenlicht italienische Gerichte
probieren? Das geht in der **Lambrusquería**. Alles hier ist echt italienisch: der
Inhaber, die Bedienung, die Zutaten und die Weine. Eine echte Empfehlung
ist das *menú de la degustación*: Nacheinander werden allerlei leckere Gerichte
serviert, die man gemeinsam essen kann. Zum Beispiel Mascarpone mit
Pesto, frischer Salat mit Banane und Rosinen, Pasta mit Trüffel und cremiges
Tiramisu. Der Limoncello des Hauses ist ebenfalls sehr lecker.
*calle conde altea 31-36, www.lambrusqueria.wordpress.com, telefon: 96
3747539, geöffnet: täglich 14.00-15.45 & 21.00-0.00, preis: 20 €, u-bahn: colón*

(25) Wer ein Stück Andalusien in Valencia sucht, sollte ins **El Albero** gehen:
ein Restaurant mit Flamencomusik und Stierkampfpostern. Man kann aus
über dreißig Tapas wählen, zum Beispiel *pescaditos* (kleine frittierte Fische),
pulpo (Tintenfisch) und *morcilla* (Blutwurst). Nicht erschrecken, wenn um 23 Uhr
das Licht ausgeht – dann ist es Zeit, andalusische Lieder zu singen.
*calle ciscar 12, telefon: 96 3356273, geöffnet: mo-sa 12.00-16.00 & 19.30-
1.30, preis: 10 €, u-bahn: colón, bus: 13, 18*

㉖ Ein gutes Beispiel für spanische Gastfreundschaft findet man bei **La Santa**. Innen sieht man viele Details aus Holz, was für sehr viel Gemütlichkeit sorgt. Auf der Terrasse wird man gut und schnell bedient, und das Personal hilft gerne bei der Auswahl der Tapas und des passenden Weins.

calle ciscar 13, www.lasantavalencia.com, telefon: 96 3346001, geöffnet: täglich 12.00-2.00, preis: 15 €, u-bahn: colón, bus: 13, 18

㉗ Asturien liegt im Norden von Spanien, wo es weniger warm als in Valencia ist. Das merkt man an der Art des Essens – es ist etwas schlichter und besteht hauptsächlich aus Kartoffeln und Fleisch. In der **Cervecería Sidrería Gloria** kann man Cidre trinken, asturische Gerichte wie gebratene Kartoffeln mit Blauschimmelkäse und *montaditos* (belegte Brötchen) genießen.

calle ciscar 15, telefon: 96 3342324, geöffnet: täglich 12.30-16.30 & 19.30-1.00, preis: 10 €, u-bahn: colón, bus: 1, 2, 3, 79, 80

㉘ Veganismus ist in Valencia immer mehr auf dem Vormarsch. Bei **Loving Hut** wird alles, was auf der Karte steht, vegan zubereitet. Die (eigentlich ganz "normale") Speisekarte ist so umfangreich, dass man sich kaum zwischen Hamburgern, Burritos oder Pizza entscheiden kann. Probieren Sie doch mal Zitronengras-Tofu. Außerdem werden mehr als ein Dutzend feine Teesorten aus Nepal angeboten.

calle conde altea 44, www.lovinghut.es, telefon: 96 3744361, geöffnet: di-so 13.30-16.00 & 20.30-0.00, preis: 8 €, u-bahn: colón, bus: 13, 18

㉚ Im **The Forest** kann man den ganzen Tag verbringen – angefangen von der ersten Tasse Kaffee bis zum Schlummertrunk am Abend. Das Mittagessen besteht aus einem großen Buffet mit vielen frischen und gesunden Produkten. Abends werden im "Wald" köstliche Gerichte serviert.

paseo alameda 35 bis, www.theforest.es, telefon: 96 3370283, geöffnet: täglich 7.30-16.30 & 19.00-0.00, preis: 10 €, u-bahn: alameda

Shoppen

(3) Haben Sie Ihre Sonnenbrille vergessen? Kein Problem, bei **Tornasol** gibt es die schicksten Sonnenbrillen zu kaufen, vor allem von Designermarken wie Prada, Calvin Klein und Christian Dior. Die Brillen sind nicht gerade billig, aber schön sind sie auf jeden Fall.
avenida marqués de sotelo 7, telefon: 96 3513818, geöffnet: mo-sa 9.30-13.30 & 16.30-20.30, u-bahn: xátiva

(7) Seit mehr als achtzig Jahren verkauft die Familie Martinez hausgemachte Trüffel. Die dritte Generation bei **Trufas Martinez** stellt die Schokolade nach genau den gleichen Rezepten her wie die Urgroßeltern. Die Trüffel sind so lecker, dass sie selbst der Bürgermeister regelmäßig ordert. Probieren Sie unbedingt die *cubanitos*. Der Name verrät es bereits: es sind Schokoladen-zigarren. Die Schokolade wird ausschließlich bei Trufas Martinez hergestellt und kann auf Wunsch verziert werden.
calle ruzafa 12, www.trufasmartinez.com, telefon: 96 3851011, geöffnet: mo-sa 9.00-20.00, u-bahn: xàtiva, bus: 1, 8, 40, 79, 80

(8) Es gibt in Valencia fast keine *mantequerías* (Delikatessengeschäfte) mehr, da diese schwer mit den großen Supermarktketten konkurrieren können. Trotzdem ist **Mantequerías Castillo** schon seit 1916 erfolgreich, denn hier werden nur die allerbesten Schinken und Weine angeboten. Im Weinkeller stehen über 12.000 Flaschen Wein!
gran vía marqués del turia 1, www.mantequeriascastillo.com, telefon: 96 3510423, geöffnet: mo-sa 9.30-14.00 & 17.15-20.30, u-bahn: xàtiva, bus: 1, 8, 40, 79, 80

(12) Auf der anderen Seite des Marktes von Ruzafa liegt der hübsche Perlen-laden **La Bola**. Hier finden Sie kistenweise Perlen in allen erdenklichen Farben, Formen und Materialien wie Plastik, Stein, Alu und sogar aus Swarovski-Kristall. Wenn Sie wieder zu Hause sind, können Sie gleich losbasteln.
calle donoso cortés 2, www.labolavalencia.com, telefon: 96 3819808, geöffnet: mo-sa 10.00-14.00 & 16.30-20.30, u-bahn: xátiva, bus: 6, 7, 14, 15, 35

⑦

⑯

⑭ Ein neues Konzept in Valencia: **Diseño al cubo** ist eine Kombination aus Laden und Museum. Künstler können hier Regalflächen mieten und ihre Werke wie Bilder, Fotos, Mode oder Schmuck ausstellen. Alles ist exklusiv – und man kauft direkt beim jeweiligen Künstler.
calle taquígrafo 16, www.disenoalcubo.com, telefon: 96 1054727, geöffnet: mo-fr 10.00-14.00 & 17.00-20.30, sa 10.00-14.00, bus: 1, 2, 3, 12, 13, 22, 41, 79

(15) Für den modebewussten Mann gibt es in Valencia zwei Geschäfte von **Alfredo Esteve**. Zu den Stammkunden gehören zum Beispiel die Fußballer des FC Valencia, und Männer mit gutem (sprich: teurem) Geschmack kaufen hier ihre Kleidung. Alfredo Esteve ist der einzige Laden, der in Valencia Marken wie Gucci, Dolce & Gabbana, Dior und Marc Jacobs für Männer verkauft.
gran vía marqués del turia 18-32, www.alfredoesteve.com, telefon: 96 3744483, geöffnet: mo-sa 10.00-14.00 & 17.00-20.30, u-bahn: xátiva, bus: 1, 2, 3, 12, 13, 22, 41, 79

(16) Bei **Gran Vía Veinte** finden Sie Modelle von Stella McCartney, Paul and Joe, Stella Forest und vielen anderen. Im Frühling und Sommer liegt hier vor allem bequeme, moderne Leinenkleidung für junge Frauen in den Regalen. Man findet auch schöne Taschen, Schuhe und Schmuckstücke, die sehr gut dazu passen.
gran vía marqués del turia 20, telefon: 96 3345147, geöffnet: mo-sa 10.00-14.00 & 17.00-20.30, u-bahn: xátiva, bus: 1, 2, 3, 12, 13, 22, 41, 79

(17) Das Erste, was man im **La Gallina Cocolisa** bemerkt, ist der süße Duft nach Erdbeerbonbons. In diesem Laden für Kinder von null bis zwölf werden neben Kleidung auch Schuhe und schöne Spielsachen verkauft. Klassische spanische Kleider hängen hier zwar auch, aber der Fokus liegt auf Mode aus Skandinavien. Suchen Sie Geschenke für Kinder (und ihre Mütter)? Dann sollten Sie unbedingt mal vorbeischauen.
calle maestro gozalbo 1, telefon: 96 3504388, geöffnet: mo-fr 10.00-14.00 & 17.00-20.30, sa 11.00-14.00 & 17.30-20.30, u-bahn: colón, bus: 1, 2, 3, 12, 13, 22, 41, 79

(20) Der deutsche Koch des Restaurants RIFF hat 2004 auch ein Geschäft eröffnet, das **Bueno para comer** (gut zu essen). Knöller möchte der Öffentlichkeit die vielen Produkte nahebringen, die er während seiner Laufbahn als Spitzenkoch kennengelernt hat. An hohen Tischen kann man verschiedene Weine und leckere Tapas probieren. Außerdem ist der Laden eine Art altmodischer, internationaler Delikatessenladen, in dem man Köstlichkeiten wie Pasta, Paté, Schokolade und Champagner kaufen kann. Alle Produkte sind importiert und von bester Qualität.
calle almirante cadarso 14, www.buenoparacomer.es, telefon: 96 3161146, geöffnet: di-sa 10.00-21.00, bus: 1, 3

JAMON
DE ARAGON
CENTRO
BAJO EN SAL
15,82 EUR
Kgs

JAMON
DE ARAGON
PUNTA
BAJO EN SAL
14,62

⑪ MERCADO RUZAFA

100 % there

(2) Schluss mit Shoppen und Lust auf Entspannung? Dann lassen Sie sich bei **Calma** verwöhnen. Wie wär's mit einer wunderbaren Ölmassage oder einem beruhigenden Algenbad? Obwohl Calma im Stadtzentrum liegt, ist es großzügig aufgeteilt. Unterirdisch wurden ein Schwimmbad, ein Hamam und eine Sauna eingerichtet. Hier kann man sich erstklassig vom Trubel der Stadt erholen.
plaza del ayuntamiento 29, www.calma.es, telefon: 96 3941069, geöffnet: mo-sa 10.00-22.00, so 10.00-14.00, preis: 28 €, u-bahn: xátiva

(11) Wer einen echten lokalen Markt ohne Touristen besuchen möchte, muss zum **Mercado Ruzafa** gehen. Die Markthalle, errichtet 1957, ist etwas kleiner als der Mercado Central. Hier treffen sich die Bewohner des Viertels Ruzafa und tauschen die letzten Neuigkeiten aus.
plaza baron de cortes, www.mercadoruzafa.com, telefon: 96 3744025, geöffnet: mo-sa 7.30-15.00, u-bahn: xátiva/bailen, bus: 6, 7, 14, 15, 35

(36) Im **L'Oceanogràfic**, das im Gegensatz zu den anderen Bauwerken in diesem Stadtteil von Felix Candela entworfen wurde, findet man über 45.000 Meerestiere: Haie, Belugawale, Walrosse, Seelöwen, Pinguine und viele schöne, bunte Fische. In einem 70 Meter langen Tunnel spaziert man zwischen Haien und Rochen hindurch. Es gibt auch ein Delfinarium mit spektakulären Shows. Sehr ausgefallen ist das Unterwasserrestaurant Submarino. Und wenn Sie sich unwohl fühlen, weil Sie ein Fisch etwas zu treuherzig ansieht, dann bestellen Sie am besten Fleisch.
junta de murs i valls, www.cac.es, telefon: 902 100031, geöffnet: mo-fr 10.00-18.00, sa 10.00-20.00 (im sommer bis 0.00), eintritt: 25 €, bus: 19, 35, 95, 40

Ruzafa & Cánovas & Stadt der Künste und der Wissenschaften

Startpunkt ist die Plaza Ayuntamiento, mit dem imposanten Brunnen und dem schönen Rathaus ①. Weiter geht es Richtung Bahnhof, um sich bei Calma zu entspannen ② oder eine Sonnenbrille zu kaufen ③. Neben dem Bahnhof ④ ist die Arena zu sehen ⑤. Daran vorbeigehen und in die erste Straße rechts einbiegen. Am Ende dieser Passage rechts befindet sich das Stierkampfmuseum ⑥. Zurückgehen, in die C/ de Ruzafa einbiegen ⑦ und am Ende der Straße bei Mantequerías Castillo ⑧ vorbeischauen. Danach geht es rechts in die Gran Vía de las Germanias. Nehmen Sie die zweite Straße links, die C/ de Cadíz. Am Ende dieser Straße biegen Sie rechts in die C/ del Literato Azarin, um etwas zu Mittag zu essen oder zu trinken ⑨ ⑩. Gehen Sie zurück in die C/ de Cadíz. Die Straße queren, erst in die erste links abbiegen und dann in die dritte Straße rechts. Hier kommt man am Markt von Ruzafa ⑪ vorbei. Nach dem Markt rechts und gleich wieder links ⑫, um Perlen zu kaufen. Auf der anderen Straße in die erste Straße links einbiegen und dann in die erste rechts für ein gutes Essen ⑬. Die breite Avenida Reino de Valencia überqueren. Jetzt sind Sie in Taquígrafo Martí. In der C/ del Dr. Sumsi finden Sie auf halber Strecke ein Laden-Museum ⑭ und an der Ecke ganz am Ende einen Modeladen ⑮. Der Gran Vía del Marqués del Turia bis ⑯ folgen und dann in die nächste Straße rechts abbiegen, um Kindermode zu kaufen ⑰. Danach in die C/ del Conde de Altea abbiegen, um zu Mittag zu essen und um einen Tisch für abends zu reservieren ⑱ ⑲ ⑳ ㉑ ㉒ ㉓ ㉔ ㉕ ㉖ ㉗ ㉘. Setzen Sie den Spaziergang an der Avenida de Jacinto Benavente fort und gehen Sie rechts hinunter in den Turiapark. Hier stößt man sofort auf den Palau de la Música ㉙. Dahinter liegt The Forest ㉚, wo man sich etwas erholen kann. Spazieren Sie am Paseo de la Alameda entlang zum Kreisverkehr. Rechts die Brücke überqueren, links abbiegen und dann rechts in die C/ de Luis Oliag einbiegen. Am Ende der ersten Straße links befindet sich das Fallas-Museum ㉛. Spazieren Sie wieder in den Park hinein, um die Stadt der Künste und der Wissenschaften zu besuchen ㉜ ㉝ ㉞ ㉟ ㊱.

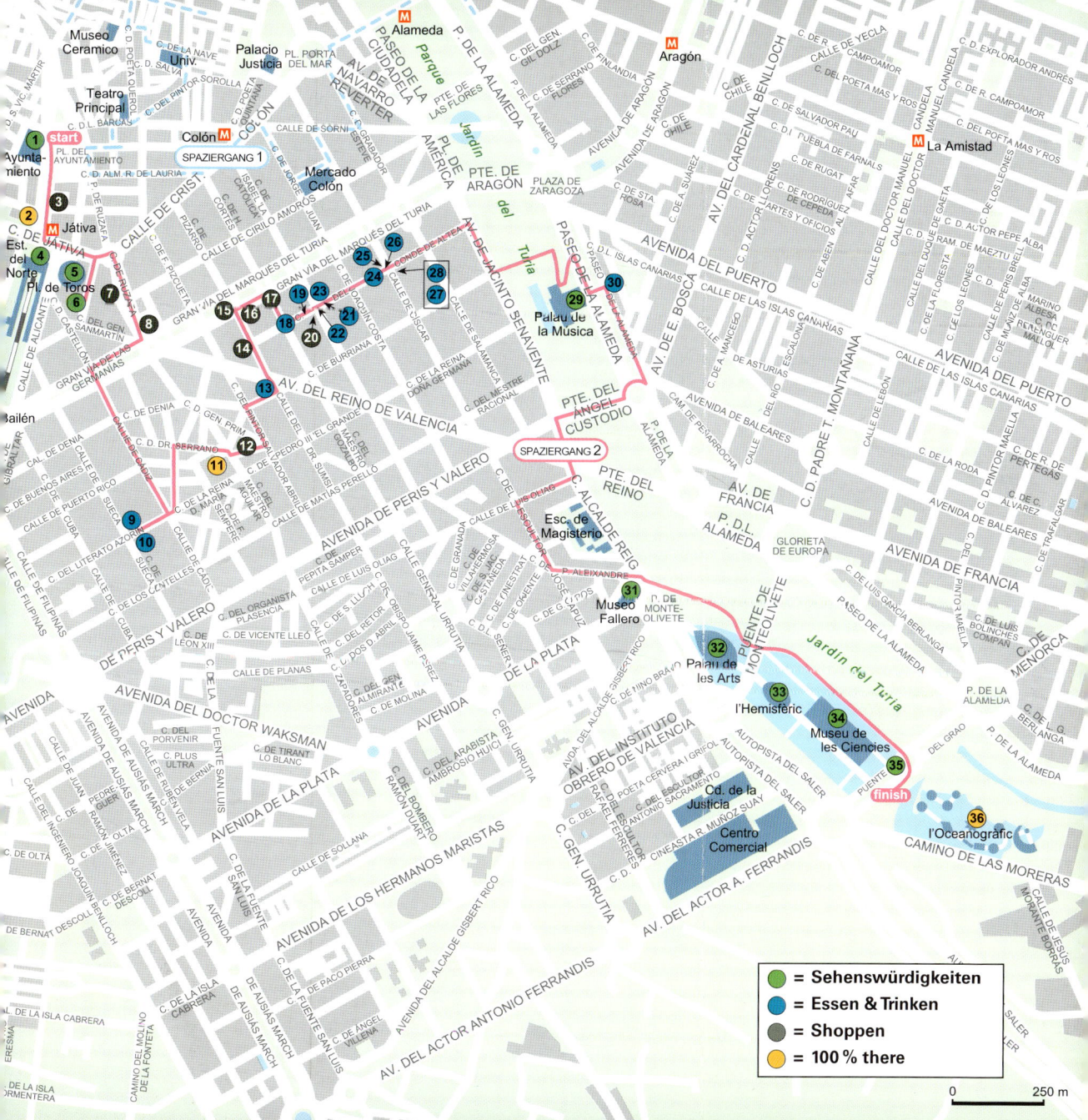

El Carmen & El Botánico

Geschichte, Nachtleben und Studenten

El Carmen ist das älteste Viertel von Valencia, und das ist gut zu sehen, denn noch sind nicht alle Häuser renoviert. Weil hier viele Studenten leben, geht es recht lebhaft zu. Es gibt viele kleine, exklusive Läden, und man kann gut shoppen. Besuchen Sie mal den Secondhandbuchladen, in dem auch fremdsprachige Bücher zu finden sind. Wer den anstrengenden Aufstieg auf den Glockenturm Torre del Miguelete, der zur Kathedrale gehört, auf sich nimmt, hat eine schöne Aussicht über das Wirrwarr der Straßen und Plätze. Mit dem Mercado Central, der Lonja und der Kathedrale ist El Carmen auch in kultureller Hinsicht ein interessanter Stadtteil. Das Museum für moderne Kunst IVAM ist einer der Höhepunkte. Auch der erste Botanische Garten Spaniens liegt am Rande des Viertels, in der Nähe des Stadttors Torres de Quart. Schön, um eine Verschnaufpause einzulegen. Wundern Sie sich nicht, wenn Ihnen eine Katze auf den Schoß springt, der Botanische Garten ist nämlich auch ein Refugium für die Straßenkatzen von Valencia.

3

Es gibt zwei wichtige Plätze in dieser Gegend: die Plaza de la Reina und die Plaza de la Virgen. Beide sind geradezu ideal, um in einem Café sitzend das spanische Leben an sich vorbeiziehen zu lassen: Straßenmusikanten, Nonnen, Skater, Jugendliche auf Kneipentour und piekfein gekleidete Familien auf dem Weg zu einer Hochzeit oder Fiesta.

Der größte Teil des valencianischen Nachtlebens spielt sich in El Carmen ab. Vor allem in der Calle Caballeros, einer kleinen Straße voller Bars und guter Restaurants, scheint im Sommer halb Valencia unterwegs zu sein. El Carmen ist, auch wenn es etwas klischeehaft klingt, ein typisch spanischer Stadtteil mit romantischen, engen Gassen, in denen man sich erst verläuft, um dann wie zufällig auf ein kleines, uriges Restaurant zu stoßen. Zum Beispiel aufs La Pilareta, wo es herrliche Muscheln gibt und man die Schalen einfach in eine Plastikkiste auf dem Boden wirft. Oder das Vinostrum, in dem man die nebenan auf dem Markt gekauften Tapas zusammen mit köstlichen lokalen Weinen genießen kann.

6 Insider-Tipps

Horno Alfonso Martinez

Süße Köstlichkeiten probieren.

La Lonja

Den prachtvollen Säulensaal besichtigen.

Kúbelik

Umweltfreundliche Kleidung kaufen.

Bodeguilla del Gato

Unter Spaniern lecker essen.

Mercado Central

Einkaufen mit allen Sinnen: riechen, schmecken und sehen.

Botanischer Garten

Unter Schatten spendenden Bäumen relaxen.

- 🟢 Sehenswürdigkeiten
- 🔵 Essen & Trinken
- ⚫ Shoppen
- 🟡 100 % there

Sehenswürdigkeiten

(3) Der schöne barocke Glockenturm **Torre de Santa Catalina** der Kirche Santa Catalina stammt aus dem 17. Jahrhundert. Wenn man aus der Calle de la Paz kommt, sieht man schon den prachtvollen, schmalen Turm. Leider kann man auf den Turm nicht hinauf, aber die Kirche ist zu besichtigen.
plaza de santa catalina, telefon: 96 3917713, geöffnet: kirche täglich 10.30-13.30 & 17.30-19.30, eintritt: kirche frei, bus: 7, 27, 28

(5) Aufpassen, sonst gehen Sie daran vorbei, denn dies ist **das schmalste Haus** von Valencia. Laut dem Guinness-Buch der Rekorde ist es nur 108 Zentimeter breit, aber vier Stockwerke hoch, wobei jede Etage nur ein Fenster hat. Die Haustür ist vermutlich deshalb stets verschlossen, weil das Häuschen mit dem Nachbarhaus zusammengelegt wurde.
plaza lope de vega 8, geöffnet: nicht öffentlich zugänglich, bus: 7, 27, 28

(6) Die **Plaza Redonda** (der runde Platz) wurde 1840 von Salvador Escrig gebaut und ist von dreistöckigen Häusern mit Balkonen umringt. Rund um den Brunnen in der Mitte des Platzes stehen Stände mit Stickereien und Porzellan. Sonntags gibt es eine Art Vogelmarkt, und dann wird es immer recht voll.
plaza redonda, bus: 4, 6, 8, 70, 71

(13) **La Lonja** ist eines der schönsten Beispiele gotischer Architektur in Europa. Sogar so schön, dass dieses Gebäude 1996 zum Weltkulturerbe der UNESCO ernannt wurde. Von außen erinnert La Lonja an ein mittelalterliches Schloss, aber eigentlich wurde der Bau im 15. Jahrhundert als Seidenhandelsbörse errichtet. Der Handel fand in der Sala de Contratación statt, einem Saal mit mächtigen Spiralsäulen. In einem Seitenflügel liegt das Consulado del Mar, wo das Markttribunal residierte – das erste Gericht in Spanien, das sich um Handelskonflikte kümmerte. Händler mit vielen Schulden wurden im Turm eingesperrt. Heute findet hier jeden Sonntag eine Briefmarken- und Münzenausstellung statt.
plaza del mercado, www.lonjadevalencia.com, telefon: 96 3525478, geöffnet: di-sa 10.00-14.00 & 16.30-20.00, so 10.00-15.00, eintritt: mo-fr 2 €, sa-so frei , bus: 7, 27, 28, 60, 62, 81

⑭ Die barocke **Iglesia de los Juanes** aus dem 14. Jahrhundert zählt zu den ältesten Barockkirchen der Stadt und wurde 1947 zum Nationaldenkmal erklärt. Im Innenraum gibt es Fresken von Antonio Palomino zu sehen. Man sagt, dass arme Familien ihre Kinder zur Markthalle brachten, von wo aus sie den Vogel auf der Kirchturmspitze beobachten sollten. Dadurch würden sie nicht bemerken, dass ihre Eltern fortgingen. Man ließ die Kinder in der Hoffnung zurück, ein Marktverkäufer würde ihnen Arbeit geben.

plaza del mercado, telefon: 96 3916354, geöffnet: mo-di & do-fr 7.30-10.00 & 19.00-20.00, mi 7.30-13.00 & 19.00-20.00, sa 18.00-20.00, so 8.00-13.00 & 18.00-20.00, eintritt: frei, bus: 7, 27, 28, 60, 62, 81

⑱ Das frisch renovierte Stadttor **Torres de Quart** steht schon seit dem 15. Jahrhundert. Die Einschusslöcher der Kanonen von Napoleons Armee ließ man unangetastet, denn darin leben heute tropische Papageien. Sie können auf den Turm, das frühere Gefängnis, steigen und die Aussicht genießen.

calle guillem de castro 92, www.valencia.es, geöffnet: mo-di 10.00-14.00 & 16.30-20.30, so & feiertage 10.00-15.00, eintritt: 2 €, sa-so frei , u-bahn: angel guimerà, bus: 5, 7, 60

⑳ Das **IVAM** (Instituto Valenciano de Arte Moderno), das Museum für moderne Kunst, ist eines der bedeutendsten Museen dieser Art in Europa. Neben Werken des bekannten Bildhauers Julio Ganzález sind die Wechselausstellungen immer besonders sehenswert. Samstags um 12 Uhr findet eine kostenlose Führung in spanischer Sprache statt.

guillem de castro 118, www.ivam.es, telefon: 96 3863000, geöffnet: mo-di 10.00-17.00, mi-so & feiertage 10.00-20.00, eintritt: 2 €, so frei, u-bahn: turia, bus: 5, 28, 80, 95

㉔ Die Menge an Zinnsoldaten im **Museo de los Soldados de Plomo** ist einfach spektakulär. Das Museum, untergebracht in einem gotischen Gebäude aus dem 14. Jahrhundert, zählt rund 80.000 Soldaten. Die Ausstellungen erzählen auf sehr originale Art und Weise die Geschichte von Valencia und Spanien. Sehr gut für Kinder geeignet.

calle caballeros 20, www.museoliber.org, telefon: 96 3910811, geöffnet: mi-fr 11.00-14.00 & 16.00-19.00, sa-so 10.00-15.00 & 16.00-19.00, eintritt: 4 €, bus: 1, 5, 6, 11, 16, 26, 28, 29, 36, 80, 95, n2

DAS SCHMALSTE HAUS VON VALENCIA ⑤

㉗ Das Stadttor **Torres de Serranos** war Ende des 14. Jahrhunderts der Hauptausgang nach Norden. Anfangs diente er sowohl zur Verteidigung als auch für offizielle Empfänge. Später wurden in den Türmen reiche Gefangene festgehalten. Heute bieten die Türmen eine schöne Aussicht.

plaza de los fueros, www.valencia.es, telefon: 96 391900, geöffnet: di-sa 10.00-14.00 & 16.30-20.30, so 10.00-15.00, eintritt: 2 €, sa-so & feiertage frei, bus: 2, 5, 5b, 6, 8, 11, 16, 80, 95

㉚ Schwangere valencianische Frauen drehen neun Runden in der **Kathedrale** in der Hoffnung, ein gesundes Baby zu bekommen. Vom Glockenturm hat man die schönste Aussicht über Valencia.

plaza de la virgen, www.valencia.es, telefon: 96 3918127, geöffnet: täglich 8.30-20.30, eintritt: 3 €, bus: 4, 5b, 6, 8, 9, 11, 16, 28, 36, 70, 71

Essen & Trinken

① Es gibt keinen besseren Tagesbeginn als mit einem Obstsaft von **Zzumo Más**. Wenn man die Körbe voll frischen Obstes sieht, hat man sofort Lust auf einen Vitamin-Kick. Man kann aus verschiedenen Mischungen wählen, zum Beispiel Pink Lady mit Erdbeere, Orange und Banane oder Dutch Premium mit Apfel, Birne und Himbeere.
calle san vicente 19, www.zzumomas.com, telefon: 96 3944368, geöffnet: täglich 9.00-23.00, preis: 2,50 €, u-bahn: xàtiva, bus: 5, 8, 79

④ Sie können Valencia nicht verlassen, ohne eine *horchata* getrunken zu haben. Dieses milchähnliche Getränk aus Erdmandeln, Wasser und Zucker wird kalt getrunken. In der **Horchatería Santa Catalina** gibt es das Getränk seit 1807. Der Eingang mit keramischen Wandmalereien ist auf jeden Fall ein Foto wert.
plaza de santa catalina 6, www.horchateriasantacatalina.com, telefon: 96 3912379, geöffnet: mo-fr 8.15-21.00, sa-so 8.15-21.30, preis: 2,50 €, bus: 4, 6, 8, 9, 11, 16, 28, 36, 70, 71

⑨ **El Kiosko** ist mit seiner Spiegelwand und der Neonbeleuchtung nicht das schönste oder gemütlichste Restaurant. Aber es ist eine typische Tapasbar, in der das Essen einfach, aber sehr gut ist. Hier geht man, wie die Spanier, für eine schnelle Tapa an die Bar, bevor man den Spaziergang fortsetzt.
calle de los derechos 38, telefon: 96 3940159, geöffnet: mo-sa 7.30-0.00, preis: 10 €, bus: 27, 81

⑩ Auf der Terrasse des Café **Lisboa** lässt es sich unter dem großen Oliven-baum gut verweilen. Das Publikum besteht vor allem aus Intellektuellen, Autoren und Journalisten, die hier ihre Ideen austauschen. Innen ist das bernsteinfarbene Café ebenfalls sehr gemütlich. Außerdem werden Ausstellungen junger Fotografen gezeigt.
plaza doctor collado 9, telefon: 96 3919484, geöffnet: mo-sa 9.30-2.30, so 13.00-1.00, preis: 2 €, bus: 27, 81

⑩ **LISBOA**

⑯ Spezialität der Tapasbar **La Pilareta** sind die *clochinas*; so werden Muscheln auf Valencianisch genannt. Und sie sind tatsächlich eine Köstlichkeit. Isst man sie direkt an der Bar, wirft man die leeren Muschelschalen einfach in einen Plastikbehälter. Und erschrecken Sie nicht, wenn der Ober plötzlich anfängt zu schreien: Er gibt nur Bestellungen an die Küche weiter. Wer keine Muscheln mag, sollte ein *pepito* probieren – ein Brötchen mit Tomate, Thunfisch, Ei und Paprika.

calle moro zeit 13, telefon: 96 3910497, geöffnet: täglich 14.15-23.30, preis: 15 €, bus: 7, 27

㉑ **Vinostrum** ist ein Weinladen mit Bar in einer Markthalle. Tipp: Kaufen Sie orst Tapas auf dem Markt und gehen Sie dann zur Weinprobe ins Vinostrum. Sie können dort an hohen Holztischen die gekauften Tapas sowie köstliche Weine genießen, die größtenteils von kleinen Winzern aus der Umgebung stammen. Es gibt hier auch Bier und hausgemachtes Öl zu kaufen.

mercado mossen sorell, telefon: 96 3912252, geöffnet: mo-fr 10.00-15.00, do-fr 17.30-20.30, sa 9.30-15.00, preis: flasche wein ab 5 €, bus: 5

㉓ Einst gehörte die schöne hölzerne Bar von **San Jaume** zu einer Apotheke. Das Café ist gemütlich eingerichtet und hat im ersten Stock einige Tische, an denen man etwas ruhiger sitzen kann als im Stimmengewirr unten. Tipp: Der Cocktail *Agua de Valencia* ist richtig lecker.

calle de caballeros 51, telefon: 96 3912401, geöffnet: täglich 12.00-1.30, preis: 2 €, bus: 7, 27

㉕ Die moderne Bar **Negrito** ist vor allem bei Menschen aus der Theaterwelt beliebt. Innen hängt ein Bildschirm, auf dem Kultfilme oder alte Videoclips zu sehen sind. Abends muss man sich auf der Terrasse am romantischen Brunnen einen Platz erkämpfen, so voll ist es.

plaza del negrito 1, telefon: 96 3914233, geöffnet: täglich 15.00-3.30, preis: 2 €, bus: 2, 5

㉖ Das **Bodeguilla del Gato** ist ein typisches Tapasrestaurant, das die Spanier lieben: viel Trubel, klingende Gläser, köstliche Düfte und vernünftige Preise. Hier können Sie zum Beispiel gebackenen Camembert mit Marmelade oder gebratene Paprikas mit Meersalz probieren. Es gibt viele verschiedene Weine, aber der Hauswein ist durchaus in Ordnung. Reservierung wird empfohlen.

calle de catalans 10, telefon: 96 3918235, geöffnet: täglich: 20.00-0.00, preis: 10 €, bus: 2, 5

㉘ Wenn man **Las Cuevas** betritt, ist das Erste, was auffällt, die Bar mit Schalen voller köstlicher Tapas. Wenn Sie bisher noch keinen Appetit hatten, bekommen Sie ihn spätestens dann, wenn Sie die gefüllten Avocados oder die *patatas bravas* (gebratene Kartoffeln mit pikanter Tomatensauce) sehen.

samaniego 9, telefon: 96 3917196, geöffnet: mo-fr 13.00-1.00, sa 18.00-1.00, preis: 25 €, bus: 5

㉙ Im **Café de las Horas** herrscht eine romantische Atmosphäre. Entsteht sie durch das Kerzenlicht oder wegen der klassischen Musik im Hintergrund? Verliebte Paare wissen dieses Lokal jedenfalls zu schätzen. An den Wänden hängen große Bilder und auf der Bar stehen neben kleinen Statuen Schalen mit Orangen. Die Cocktails sind sehr gut, und die Auswahl ist groß.
calle del conde de almodóvar 1, telefon: 96 3917336, geöffnet: so-do 16.00-1.30, fr-sa 16.00-3.00, preis: cocktail 8 €, bus: 5

㉜ In einer kleinen Straße neben der Kathedrale finden Sie **La Lola**, ein modern eingerichtetes Lokal mit weißen Möbeln und knallroten Akzenten. An manchen Abenden wird während des Essens Live-Flamencomusik geboten. Die Desserts sind am besten, und besonders empfehlenswert ist die weiße Schokolade mit Himbeeren, griechischem Joghurt, Pistazien und einem Keks mit Krokant.
calle de la subida del toledano 8, www.lalolarestaurante.com, telefon: 96 3918045, geöffnet: mo-sa 13.30-16.30 & 20.30-2.30, preis: mittagsmenü 12 €, bus: 4, 6

㉝ **La Pappardella** mit seiner freundlichen, schnellen Bedienung ist vor allem bei jungen Leuten beliebt. Die Antipasti und Panini sind sehr zu empfehlen. Am besten sitzt man am Fenster im ersten Stock, mit Blick auf die Kathedrale.
calle bordadores 5, www.restaurantelapappardella.com, telefon: 96 3918915, geöffnet: täglich 14.00-16.00 & 21.00-0.00, preis: 15 €, bus: 4, 6, 8, 70, 71

㉞ In der **Crêperie Bretonne Annaick** können Sie, während Sie auf echt französische Crêpes warten, die Papiertischdecken mit Wachsstiften bemalen. Mitten in der originellen Crêperie steht ein Autobus, in dem sich die Küche befindet, und es gibt viele Ecken, in denen man gemütlich sitzen kann.
calle bordadores 4, www.creperiebretonne.com, telefon: 96 3153524, geöffnet: täglich 13.30-16.30 & 20.30-23.30, preis: mittagsmenü 7,90 €, bus: 4, 6, 8, 70, 71

Shoppen

(2) **La Despensa de la Reina** ist ein traditionelles Delikatessengeschäft, in dem es immer etwas zu probieren gibt. In hohen Schränken stehen unter anderem bunte Marmeladen, Töpfe mit Honig und allerbestes Olivenöl. Die verschiedenen spanischen Biersorten sind auch ein schönes Mitbringsel. Die Eigentümerin ist immer zu einer Plauderei aufgelegt, auch wenn man kein Spanisch spricht.
plaza de santa catalina 2, telefon: 96 3921500, geöffnet: täglich 10.00-20.30, u-bahn: xàtiva, bus: 4, 6, 8, 9, 11, 16, 28, 36, 70, 71

(7) Reisen Sie im Secondhandbuchladen **Maravillas** in die Vergangenheit, denn dort gibt es alte Poster von Valencia, Ansichtskarten und andere schöne Dinge wie zum Beispiel eine Art 100 % Valencia-Reiseführer aus dem Jahr 1929. Ein wunderbarer Laden, um in Ruhe zu stöbern und ein Schwätzchen mit Inhaber Julian zu halten.
calle tapinería 10, telefon: 96 3911699, geöffnet: mo-fr 10.30-14.00 & 17.00-20.00, sa 11.00-14.00, bus: 4, 6, 8, 70, 71

(8) **Kúbelik** ist ein Geschäft, das seinen Prinzipien treu bleibt: Sämtliche Kleidungsstücke, Schuhe und Taschen sind aus nachhaltigen Materialien gefertigt. Marta, die Besitzerin, ist Designerin und ihre Marke Yló strahlt moderne Exklusivität aus.
calle de los derechos 36, www.kubelik.es, telefon: 96 1147124, geöffnet: mo-sa 10.00-14.00 & 17.00-21.00, bus: 7, 27, 28, 60, 62, 81

(11) Wundern Sie sich nicht, wenn Sie eine Warteschlange vor **Horno Alfonso Martinez** sehen. Hier wird das ganze Jahr über Osterkuchen hergestellt, ein köstlicher Kuchen mit Walnüssen und Rosinen. Seit 1886 (vier Generationen lang) verkauft diese freundliche Familie auch allerlei hausgemachte Süßigkeiten und Brötchen. Laura, eine der vier Schwestern, erzählt gerne und voller Stolz Geschichten aus der Familienbäckerei.
ercilla 17, telefon: 96 3916079, geöffnet: mo-fr 7.30-15.00 & 17.00-20.00, sa 7.30-15.00, bus: 27, 81

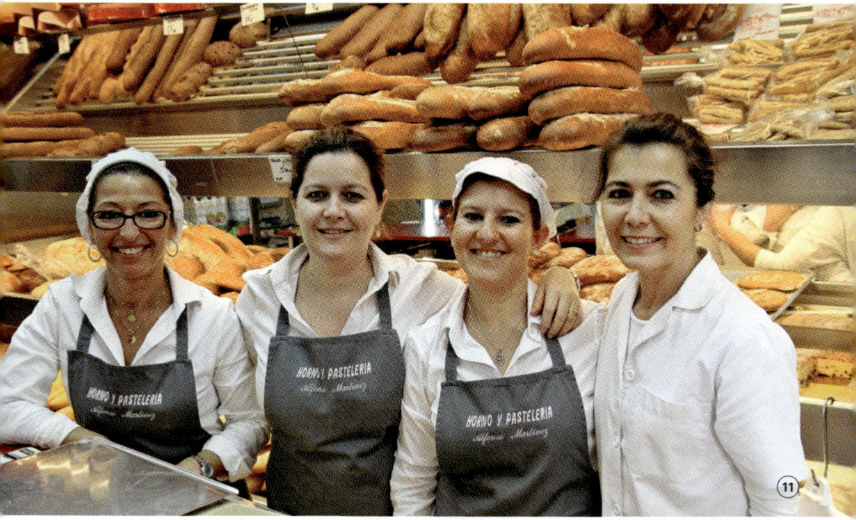
HORNO Y PASTELERIA
11

8

Nísperos
Ruchey
de Callosa d'en Sarrià
500 g
Miel de Níspero
MIEL NO CALENTADA
La Despensa de la Reina
7e
2

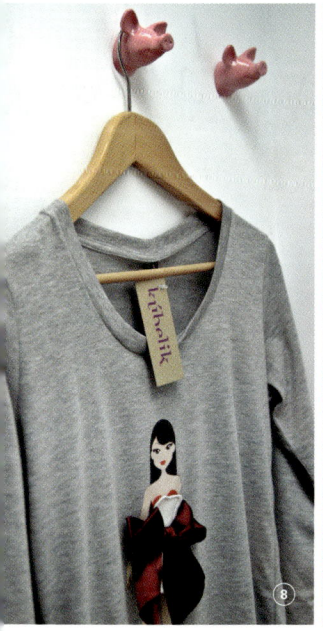

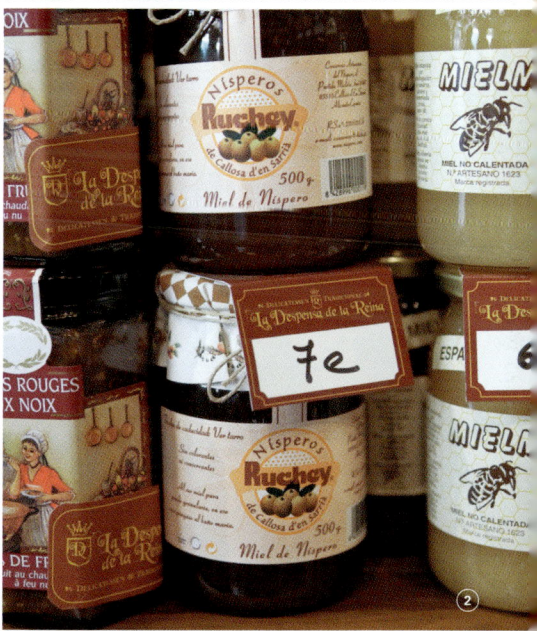

(15) **MADAME BUGALÚ**

(15) Man muss den schicken Kleiderladen **Madame Bugalú** ein wenig suchen. Der kleine Laden mit Mosaikboden liegt versteckt in einer engen Gasse im Viertel El Carmen. Die Kleidung, die Eigentümerin Angela mit viel Geschmack auswählt, macht richtig fröhlich. Man findet dort auch schöne Schuhe, Taschen und Accessoires. Die Kleidungsstücke stammen von spanischen, italienischen und schweizerischen Designern und heben sich deutlich vom Mainstream ab. *calle de las danzas 3, www.madamebugalu.es, telefon: 96 3154476, geöffnet: mo-sa 10.00-14.00 & 17.00-20.30, bus: 7, 81*

(22) Große Behälter und Säcke voller verschiedener Nüsse, Trockenfrüchte und frischer Datteln: **Frutos Secos del Carmen** ist ein niedlicher Laden, der schon seit 32 Jahren am selben Ort zu finden ist. Manuel, der engagierte Besitzer, erzählt gerne vom Wandel des Viertels von einer armen, gefährlichen Gegend zum beliebtesten Stadtteil Valencias. *calle alta 20, telefon: 96 3923307, geöffnet: mo-sa 9.00-14.00 & 17.00-20.30, bus: 5b*

(35) Haben Sie Ihr Buch ausgelesen, bevor Sie nach Hause zurückfahren? Dann sollten Sie es vielleicht gegen ein anderes Exemplar bei **KandABooks** eintauschen. In diesem Secondhandbuchladen helfen Ihnen die freundlichen englischen Besitzer Kelly und Andy gern bei der Suche nach gutem Lesestoff. *calle de la tapineria 18, www.kandabooks.es, telefon: 63 3822614, geöffnet: mo-fr 11.00-15.00 & 17.00-20.00, sa 11.00-20.00, bus: 4, 6, 8, 9, 11, 16, 20, 36, 70, 71*

100 % there

(12) Im **Mercado Central** findet man sage und schreibe 400 Marktstände. Mit 8000 Quadratmetern ist diese 1912 erbaute Markthalle die größte Europas. Hier riecht man frisch gebackenes Brot, entdeckt die exotischsten Früchte und findet alles, was das Meer zu bieten hat. Es ist beeindruckend zu sehen, wie 1500 Menschen sechs Tage pro Woche ihre Ware an den Mann bringen.
plaza de las brujas, www.mercadocentralvalencia.es, telefon: 96 3829100, geöffnet: mo-sa 7.30-14.30, bus: 7, 5b, 27, 28, 60, 61

(17) In Valencia ist es ganz normal, alle 14 Tage zum Friseur zu gehen. Und dann am liebsten dorthin, wo man verwöhnt wird. Die Mitarbeiter von **CA** wissen ganz genau, wie man das am besten macht. Während Ihre Haare gewaschen werden, werden Sie im Massagesessel durchgeknetet. Wer sich danach noch mehr verwöhnen lassen möchte, kann aus diversen Massagen und Kosmetikbehandlungen wählen.
calle de murillo 44, www.carmeloabad.es, telefon: 96 3380920, geöffnet: mo-sa 9.30-19.00, preis: schneiden ab 21,50 €, bus: 5, 7, 60

(19) Im **Botanischen Garten** kann man auf einer Bank im Schatten sitzen und den Blick über seltene Pflanzen und Bäume schweifen lassen. Im Kakteengarten stehen Kakteen mit den außergwöhnlichsten Formen. Wenn Ihnen viele Katzen begegnen, dann liegt das daran, dass sie im Botanischen Garten ein neues Zuhause gefunden haben.
calle quart 80, www.jardibotanic.org, telefon: 96 3156800, geöffnet: täglich 10.00-19.00, eintritt: 2 €, u-bahn: turía, bus: 1, 2, 5, 7, 22, 60, 61, 62, 63, 73, 79, 80, 81, 95

(31) Lust auf eine Tour? Erleben Sie die Stadt auf eine ganz neue Art und Weise – mit dem GPS-Spiel The Target. Das Viertel El Carmen ist das Spielfeld dieses **Real-Life-Videospiels**, das mit Smartphones gespielt wird. Das ist nicht das Einzige, was Marabunta veranstaltet; unter englisch- oder spanischsprachiger Leitung kann man auch an Tapas-, Segway- und Radtouren teilnehmen.
plaza de la reina, www.lamarabuntavalencia.com, telefon: 6 44512221, geöffnet: nach voranmeldung ab 8 pers., preis: 27 € p. p.

FRUTAS RUS FRUTAS

PUCHADES

ZERO

MERCADO CENTRAL ⑫

El Carmen & El Botánico

Der Spaziergang startet mit einem Vitaminstoß (1), bevor es weiter Richtung Plaza de la Reina geht. In der ersten Straße links finden Sie nette Souvenirs (2) und einen schönen Turm (3). Gehen Sie links für ein Mandelgetränk (4) oder weiter zum kleinen Platz mit dem schmalsten Haus der Stadt (5). Am Ende der ersten Straße links befindet sich die Plaza Redonda (6). Zurückgehen, den Platz überqueren, rechts halten und rechts in die C/ de la Tapinería einbiegen, um den Buchladen (7) zu besuchen. Umdrehen und der C/ de Martín Mengod folgen. In die zweite Straße rechts einbiegen, um Kleidung zu kaufen (8) oder um am Platz einen Kaffee oder Tapas (9) (10) zu genießen. Den Platz über die C/ de Ercilla (11) verlassen. Gegenüber befindet sich der Mercado Central (12). Hier rechts gehen und schöne Bauwerke bewundern (13) (14). Weitergehen und in die zweite Straße rechts einbiegen; um Madame Bugalú (15) zu besuchen (Schild!). Zum Markt zurückkehren und rechts in die C/ de la Bolsería einbiegen (16). An der Plaza Tossal links in die C/ de Quart abbiegen. Fast am Ende befindet sich in der Parallelstraße, der C/ de Murillo, ein Friseur (17). Durchschreiten Sie das Tor (18) und queren Sie die Straße Richtung Botanischer Garten (19). Zum Tor zurückkehren und links in die C/ Guillem de Castro einbiegen. Am Ende der Straße können Sie das moderne IVAM (20) besuchen. Nach dem Museum zweimal rechts gehen. Jetzt befinden Sie sich im ältesten Viertel der Stadt. In die dritte Straße links einbiegen, um Wein und Tapas (21) oder ein paar Schritte weiter in der C/ Alta, um Nüsse und Trockenfrüchte (22) zu kosten. Gönnen Sie sich am Ende dieser Straße einen Agua de Valencia (23). Danach geht es links in die C/ de Caballeros, um Zinnsoldaten zu sehen (24). In die zweite Straße rechts einbiegen, um zur Plaza Negrito zu gelangen (25) (26). Zurück in die C/ de Caballeros gehen und diese queren. Am Ende liegt das Stadttor (27). Am Platz rechts halten und in die C/ de Naquera einbiegen. Über die Plaza Nules gelangen Sie zur C/ del Conde de Almodóvar (28) (29). Etwas weiter liegt die Plaza de la Virgen, wo Sie eine Kathedrale bewundern und ein Videospiel spielen können (30) (31). Den Platz überqueren und in die Straße bei der Kathedrale einbiegen. Appetit bekommen? Schauen Sie doch einfach bei La Lola (32), bei La Pappardella (33) oder bei einer Crêperie (34) vorbei. Schließen Sie den Spaziergang im KandABooks (35) ab.

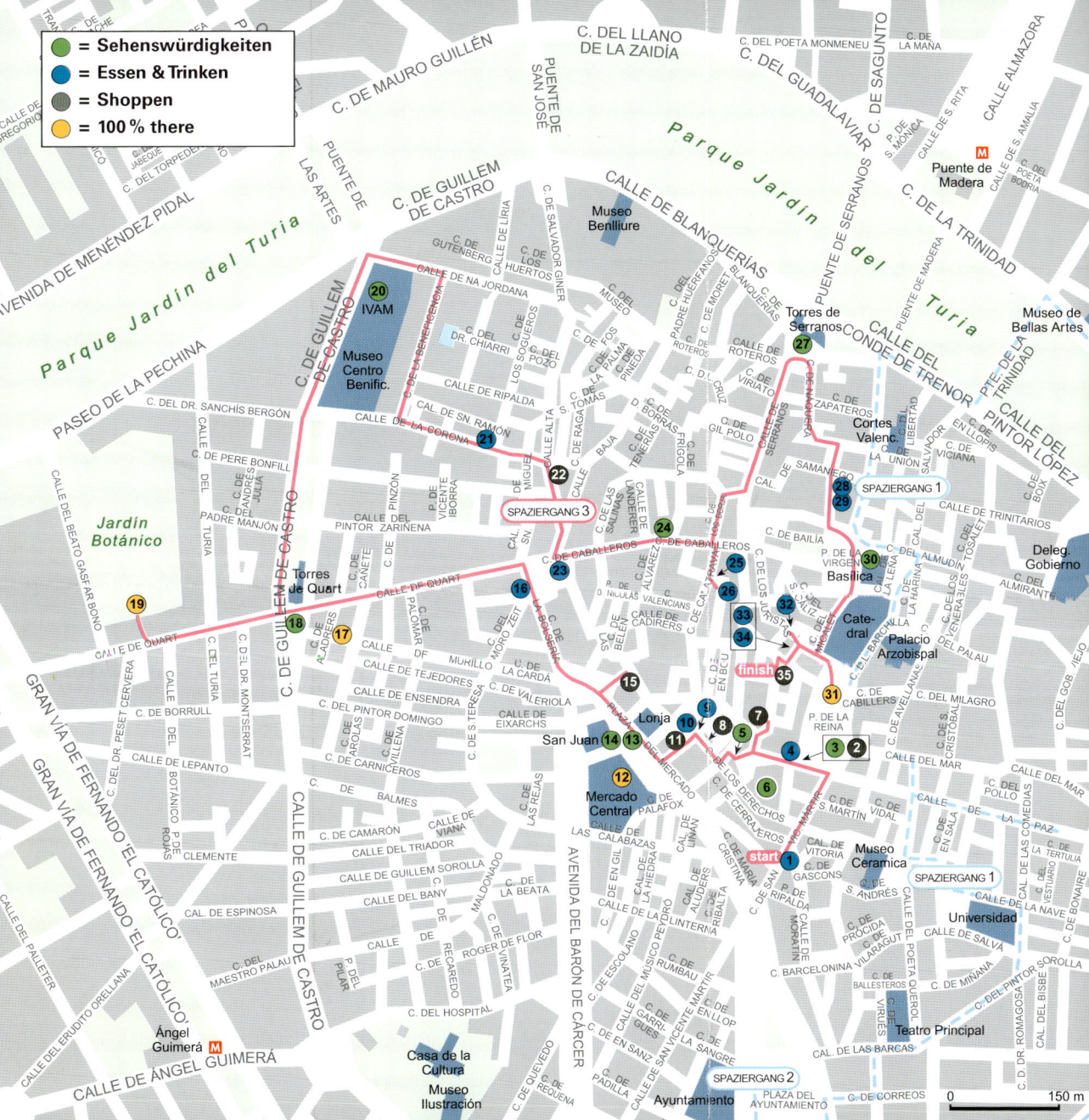

Weitere Sehenswürdigkeiten

Wenn Sie den Spaziergängen dieses Cityguides folgen, kommen Sie von selbst an vielen Sehenswürdigkeiten vorbei. Aber auch abseits des Zentrums gibt es Orte, die sicher einen Besuch wert sind. Diese können Sie mit Bus, U-Bahn oder dem Bus Turistic erreichen. Die Buchstaben dieser Sehenswürdigkeiten finden Sie auf der Übersichtskarte vorn im Guide.

(M) Für die Fußballfreunde unter uns ist ein Besuch des Fußballstadions **Mestalla** ein tolles Erlebnis. Das Stadion ist die Heimat des Fußballvereins Valencia CF, der zur europäischen Weltspitze zählt und in der *primera división* (der ersten Liga) spielt. Das Stadion wurde 1923 mit 17.000 Plätzen eröffnet und während des Spanischen Bürgerkriegs schwer beschädigt. In den 1940er-Jahren wurde es renoviert und auf 45.000 Plätze erweitert. Stündlich gibt es Führungen.

plaza de reyes prósper 4, www.valenciacf.com, telefon: 96 3699091, geöffnet: mo-fr 10.00-14.45 & 17.00-18.45, erster sa im monat 10.00-14.45, eintritt: 7 €, bis 4 j. frei, u-bahn: avenida aragón, bus: 10, 80

(N) Der **Bioparc** ist nicht einfach nur ein Tierpark, sondern ein Stück Afrika mitten in Valencia. Die Tiere laufen "frei" in ihrem – städtischen – Lebensraum herum; man sieht keine Zäune oder Käfige, denn die Tiere sind von den Besuchern und voneinander durch natürliche Hindernisse getrennt, zum Beispiel durch große Felsen oder Wassergräben. Der Bioparc liegt im Turia-Park und ist bequem mit öffentlichen Verkehrsmitteln erreichbar.

avenida pío baroja 3, www.bioparcvalencia.es, telefon: 90 2250340, geöffnet: täglich 10.00-19.00, im sommer 10.00-22.00, eintritt: 22 €, kinder 17 €, bis 4 j. frei, u-bahn: nou d'octubre, bus: 7, 17, 29, 61, 81, 95

(O) Wenn es warm ist in Valencia, möchte man eigentlich nur eins tun: zum Strand gehen! **Malvarrosa** ist ein schöner, breiter Strand, an dem man leicht den ganzen Tag verbringen kann. Der Strand ist drei Kilometer lang, es gibt also Platz genug. Am Strand entlang zieht sich der Boulevard Paseo Marítimo mit vielen kleinen Paella-Restaurants.

playa malvarrosa, www.turisvalencia.es, u-bahn: las arenas, bus: 1, 2, 19, 20, 21 (im sommer auch 22, 23)

LA ALBUFERA Ⓠ

Ⓟ Neben dem Strand liegt der **Hafen**, der 2007 für die berühmte Segelregatta *America's Cup* gänzlich umgebaut wurde. Das ultramoderne Gebäude
des bekannten Architekten David Chipperfield hat eine Höhe von 25 Metern
und ist so gebaut, dass man auf den einzelnen Terrassen immer Schatten hat.
Die Aussicht ist prächtig, sowohl auf den Hafen als auch auf den Strand und
die Stadt. Es fahren oft große Jachten vorbei, die man vom Restaurant Mar
de Bamboo aus gut beobachten kann.

*marina real juan carlosl, www.turisvalencia.es, telefon: 96 3448899, geöffnet:
mo-sa 13.30-16.00 & 20.30-23.30, u-bahn: eugenia viñes, bus: 1, 2, 19, 20, 21
(im sommer auch 22, 23)*

(Q) Ein schönes Ziel für einen Tagesausflug bietet **La Albufera**: ein großer Süßwassersee, 15 Kilometer von Valencia entfernt und von Feldern umgeben, auf denen der Reis für die berühmte Paella wächst. Man kann eine Fahrt in einem Fischerboot machen, um die unzähligen Vogelarten (es sollen 90 verschiedene sein) aus der Nähe zu beobachten. Der See ist nur einen Meter tief und man sieht Aale und Fische vorbeischwimmen. Die weißen Häuser mit Reetdächern, die ein wenig an Norddeutschland erinnern, werden *barracas* genannt. Das nahe gelegene Dörfchen El Palmar scheint nur aus Paella-Restaurants zu bestehen. Probieren Sie einmal *paella all i pebre*, Paella mit Aal, Knoblauch und Pfeffer.

la albufera, vanaf plaza de la reina, www.albuferaparc.com, geöffnet: märz-dez., preis: 15 € inkl. bootsfahrt auf dem see, kinder 10 €

(R) Auf der anderen Seite des Süßwassersees liegt der Naturpark **El Saler**, den man mit einer halbstündigen Busfahrt erreicht. Man kann hier wunderbar durch den Wald und die Dünen zum endlos langen Strand spazieren. Für FKK-Fans gibt es auch einen Nacktbadestrand.

www.turisvalencia.es, preis: 1,50 € (im bus zahlen), bus: zum strand el saler/ perelló: (gelber bus mit schild herca) neben bahnhof, abfahrt im sommer jede halbe stunde, im winter jede stunde

Ausgehen

Valencia ist in Spanien vor allem für sein Nachtleben bekannt. Es leben viele Studenten in der Stadt und das trägt dazu bei, dass bis in die frühen Morgenstunden was los ist. Der Abend beginnt meist gegen 22 Uhr mit einem Essen, und anschließend geht's weiter in eine der vielen Bars. In den Diskotheken ist erst ab ein Uhr etwas los, vorher braucht man gar nicht hinzugehen. Im Viertel El Carmen liegen die meisten Bars, und die Stimmung ist dort besonders gut, vor allem in der Calle Caballeros. In der Nähe der Universitäten, bei der Avenida Aragón und der Avenida Blasco Ibañez, findet man vor allem Studentenkneipen und Diskotheken. Im Stadtteil Cánovas sind die gehobeneren Restaurants und Bars für ein etwas älteres Publikum. In der Wochenzeitung *La Turia* steht jede Woche, was man in der Stadt unternehmen kann. Außerdem liegen die kostenlosen Magazine *Hello Valencia (www.hellovalencia.es)* und *Valencia Connect (www.valenciaconnect.com)* in Bars, Hotels und Restaurants aus.

(S) Livemusik kann man im **Black Note Club** hören, wo fast jeden Abend Konzerte gegeben werden. Montags ist immer Jamsession, und freitags und samstags stehen Blues, Soul oder Jazz auf dem Programm.
calle polo y peyrolón 15, www.blacknoteclub.com, telefon: 96 3933663, geöffnet: mo-sa 22.30-3.30, eintritt: 6-10 €, u-bahn: aragón, bus: 18, 71, 89, 90

(T) **Xtra Lrge Playground** ist ein relativ neuer, multikultureller Club mit drei verschiedenen Sälen: Im kleinen Saal werden Ausstellungen gezeigt, im mittleren Saal Konzerte, Theater und Einmannstücke gespielt und der große Saal ist für alle, die Musik lieben. Es gibt hier auch eine Cocktailbar mit gut tanzbarer Musik.
gran vía germanías 21, www.xlxtralrge.wordpress.com, telefon: 6 87524831, geöffnet: mi-sa 22.00-4.00, eintritt: frei, u-bahn: xátiva, bus: 7, 8

(U) Wenn Sie Lust auf Flamenco haben, gehen Sie dienstagabends um 23 Uhr ins **Radio City**. Radio City ist neben einer Bar auch eine Art kleines Kulturzentrum. Während der Woche finden hier Film-, Tanz- und Theaterabende statt, und am Wochenende kann man zu allerlei Musik tanzen.
calle santa teresa 19, www.radiocityvalencia.com, telefon: 96 3914151, geöffnet: täglich 19.30-3.30, eintritt: frei, bus: 7, 60, 81

(v) Schwingen Sie Ihre Hüften zur mitreißenden Salsa-Musik im **Johnny Maracas**. Oder schauen Sie mit einem Mojito in der Hand den schwitzenden Tänzern zu, die voll und ganz in ihren Tanzschritten aufgehen.
calle caballeros 39, telefon: 96 3915266, geöffnet: so-do 19.00-2.30, fr-sa 19.00-4.00, eintritt: frei, bus: 7, 27

(w) **La Bolsería** ist die vielleicht beliebteste Bar der Stadt, in der man sich am Wochenende trifft. Hier geht es einzig und allein darum, wie man aussieht und welches Bild man auf der Tanzfläche abliefert. Es gibt jeden Abend ein anderes Programm, zum Beispiel Brasilian Night oder R&B.
calle bolsería 41, telefon: 96 3918903, geöffnet: täglich 20.00-4.00, bus: 7, 27

(x) Das zur Freiluftdiskothek **l'Umbracle** umfunktionierte Gebäude des Architekten Santiago Calatrava ist ein Muss. Hier gibt es verschiedene Bars sowie viele Loungeplätze. Palmen sorgen für eine tropische Atmosphäre. Wenn man die Treppe nach unten geht, kommt man in einen anderen Club, MYA, wo generell bessere Musik läuft als oben.
autopista del saler 5, www.umbracleterraza.com, telefon: 96 3374720, geöffnet: täglich mai-okt. ab 23.00, eintritt: 12 € inkl. Drink

(y) Für eine Stadt dieser Größe hat Valencia leider nur wenige Kinos, in denen Filme in der Originalversion gezeigt werden. Zum Glück gibt es aber drei Film-häuser, in denen Brad Pitt noch Englisch spricht und es spanische Untertitel gibt. Im **Babel** werden vor allem Arthouse-Filme gezeigt, selten laufen Block-buster. Vor oder nach dem Kinobesuch kann man noch etwas essen oder trinken, denn in der Nähe gibt es viele gemütliche Bars.
calle vicente sancho tello 10, www.cinesalbatrosbabel.com, telefon: 96 3626795, geöffnet: täglich 16.30-23.00, preis: mo 6 €, di-do 6,80 €, fr-so 7,30 €, u-bahn: aragón, bus: 18, 29, 30, 31

(z) An der Plaza del Ayuntamiento liegt die **Filmoteca**, wo klassische, aber auch experimentelle, internationale Filme laufen. Im August werden Klassiker wie *Casablanca* auch im Turia-Park vor dem Palau de la Música gezeigt.
plaza del ayuntamiento 17, www.ivac-lafilmoteca.es, telefon: 96 3995577, geöffnet: di-so 18.00-0.00, preis: 1,50 €, bus: 4, 6, 10, 36

Alphabetischer Index

Thematischer Index

transport

DIE 100% CITYGUIDES.

Ausführliche Informationen und aktuelle Tipps zu jedem Ziel finde Sie auch auf unserer Homepage unter **www.100travel.de.**

GUIDE+
APP

Dieser 100 % Cityguide wurde mit größter Sorgfalt zusammengestellt. Mo Media GmbH ist nicht verantwortlich für eventuelle inhaltliche Fehler. Anmerkungen und/oder Kommentare können unter *www.100travel.de* mitgeteilt oder an die unten stehende Adresse gerichtet werden.

mo media gmbh, betr. 100 % valencia,
steinstraße 15, 10119 berlin,
e-mail info@momedia.com

autor	marja beerens
fotografie	jelle oostrom, hans zeegers
übersetzung	sabine borchert (für bookwerk)
lektorat/redaktion	tom seidel/ulrike grafberger (für bookwerk)
schlussredaktion	anke höhne (für bookwerk)
konzeptgestaltung	studio 100%
gestaltung	kim peters
gestaltung & lithografie	mastercolors mediafactory, hilden design, münchen
kartografie	van oort redactie en kartografie
100 % valencia	isbn 978-39-4350-232-9
	© mo media gmbh, berlin, september 2012